JN010703

もし関係者の中に外国人がいたら

そんなときどうする
法律相談
Q&A

広島弁護士実務研究会

編著

第一法規

はしがき

1　本書のような書籍ができたきっかけは、本研究会による「Q＆A　弁護士のためのＳＮＳの正しい活用術」のそれと似ています。

　　私が、上記書籍の編集代表（本研究会の編集代表でもある森山直樹弁護士）から、「外国人が関係する事件なんだけど…」という話を伺い、自身が通常の事件に加え、渉外民事家事分野を積極的に扱っていたことから「そういうことであればこういうことで、こうすれば…」と、話をしていったことがありました。そして、本研究会のメンバーともそのような話をしていくうちに、本研究会全体として以下のことを感じるようになりました。

⑴　通常の事件だと思っていたら、当事者や関係者の中に外国人がおり、どうしたらよいのか、と考えることがあります。進んで外国人事件を受任していなくても、そのようなケースについて対応する必要が生じます。

⑵　どの分野においても、専門書や実務書等を調査し、確認等した結果、分かることもあるのですが、そもそも「何が問題なのか」「何が通常のケースと違うのか」というところの、ちょっとした疑問は、分野や対象とする法律に関わらず、種々生じます。

⑶　外国人の関係する事件についてどうしたらよいのか、ということについて「いや普通の事件と一緒だよ」「特別なことをする必要はないよ」ということが分かること自体も、弁護士業務にとって充分有益だということでした。

　　渉外事務所や大手事務所、専門分野に特化した事務所でない法律事務所の弁護士であっても（本書の執筆者は全員これに該当します。）、今後外国人の受け入れが進む以上、上記⑴の問題は増えてきます。ここで、「そういう事件だから」と受任しなかったり、また受任し、時間をかけた結果「割に合わない」事件となったりすることは、勿体ないです。将来的には、「事件の管轄が自身の登録地を管轄ではない事件」のような感覚で「外国人が関係する事件」が扱われる時代がくるのではないでしょうか。

i

　法律相談や法的な問題の結論ではなく、そういった業務の中で生じる
ちょっとした疑問などについては、実務プロパーの問題と、法律プロパー
の問題があり（当然、多かれ少なかれこれらは混在しています。）、そう
いったちょっとした弁護士ならではの疑問につき、統一的に書いてある書
籍はそこまで多くありません。

2　そこで、2020年、東京オリンピック開催を控えて、分野を特定せず、外
国人事件に関係する書籍を作ってみようという運びとなり、本書を執筆す
る機会を賜りました。

　本書は、上記で述べたような「あれ、どうだっけ」という疑問に、専門
書でもない、特定の分野の実務書でもない、外国人法律相談に対する虎の
巻でもない、「外国人事件にあたった際」に「我々弁護士があたるＱ＆Ａ」
について、まとめてみようというものです。つまり、「じゃあこうすれば
いいんじゃないの」、「こういうものをみればいいんじゃないの」「書面の
記載はこうしたらいいんじゃないの」「こういった基本的な法的見解を押
さえておけばいいんじゃないの」という、実務（執務）の入口を案内でき
るものにしようと考えました。

　本書で述べるＱ＆Ａが対象とする法分野・事件類型については、既に専
門書や実務書が多々あります。しかしながら、専門的に扱わない分野の専
門書や実務書を全部購入し読み込め、という訳にもいきません。人生は有
限です。そのような時間があれば、酒場で愚痴を言ったり、酔い潰れたり
していたほうが、われわれ弁護士にとっては精神衛生上も有益な時間とな
るかもしれません。そこで、本書では、そういった参考となる書籍について
ても、実務上これが手っ取り早いのではないか、という本を挙げています。

3　上記の目的のために、Ｑ＆Ａの「Ｑ」については、広島弁護士会及び静
岡県弁護士会（私の所属する浜松支部に限らず、静岡支部や沼津支部）所
属の先生方に、「外国又は外国人が関係する事件を扱っていて疑問に思っ
たことはないか」、「業務をしていてこんなことが知りたいと思った事案は
ないか」、というテーマでアンケートをとり、本研究会で検討のうえ、編
成しました。しかしながら、きわめて抽象的なＱや、「それが簡単に分

かったら、十分なフィーをとってその道で食べていけるのではないか」という Q もあり、アンケートで生じた Q を修正・敷衍させることはなかなかに難儀でありました。

　したがって、本書の Q の中には、「いやそんな事案ないでしょう」「執筆者の趣味じゃないの？」というものもあります。ご容赦ください。また、日本の通常の事件と異なる、という点で、どうしても外国法の適用が問題となる事案（国際私法が関連する分野）が多くなったことについても、ご容赦ください。

4　本書の編集代表である私は、本研究会で初めて書籍が出版された当時、本研究会のメンバーではありませんでしたが、司法修習地が広島であり、本研究会の要件を満たしていたことから、同代表を拝命することとなりました。また、本書の執筆者である本研究会のメンバーは、私から見て修習地である広島の先輩、修習同期、はたまた私の所属する浜松で弁護士業務を開始された後に郷里広島に登録替えをされた先生といった方々になります。

5　既に到来して定着した経済のグローバル化ではなく、人のグローバル化が本格的に到来する昨今に、外国人が関連する事件についても、平素我々が扱う通常の事件との差が相対的になるよう、本書を利用していただき、弁護士業務に役立てていただければ幸甚です。

6　最後に、言いたい放題の本書（表見）編集代表を、冷静かつ暖かく、また修習当時のようにコントロールしていただいた本研究会執筆担当者の兒玉浩生弁護士、森山直樹弁護士、近藤剛史弁護士及び正畠大生弁護士、数多の不躾なお願いや要望に快くご対応いただいた第一法規村木大介様、藤本優里様、また私を弁護士にしてくださった広島弁護士会、広島地方裁判所（足しげく通った今はなき庁内旧喫茶店の店員の方を含む。）、広島地方検察庁の皆様及び広島の皆様に篤く御礼申し上げます。

2020年1月

広島弁護士実務研究会

編集代表　望月　彬史

凡　例

1）内容現在

　本書は、2019年12月31日内容現在にて執筆・編集をしています。

2）裁判例の書誌情報事項の表示

　裁判例の末尾に、第一法規株式会社の判例情報データベース「Ｄ１-Law.com　判例体系」の検索項目となる判例IDを〔　〕で記載しています。

　例：最判平成21・4・28民集63巻4号853頁〔28151361〕

裁判所略語

最	最高裁判所
高	高等裁判所
知財高	知的財産高等裁判所
地	地方裁判所
家	家庭裁判所

判例出典略語

民集	最高裁判所民事判例集
判タ	判例タイムズ
判時	判例時報
裁判所ＨＰ	裁判所ウェブサイト
家裁月報	家庭裁判月報

法令名略語

通則法	法の適用に関する通則法
入管法	出入国管理及び難民認定法

目次 | もし関係者の中に外国人がいたら そんなときどうする 法律相談Q&A

I
総論

外国人や外国法が関係する
法律相談の経験が少ない弁
護士が、通常の法律相談と
は違うからこそ、最初につま
ずくポイントを、Q&A形式で
収録しています。

1 外国法令調査のしかた

（1）外国法の調査が必要な場面（家庭裁判所での家事事件を例に）

Q 1

日本に長年住んでいたドイツの方が亡くなった相続の事件で、裁判所からドイツの相続に関する法律を書面で提出するよう指示されました。どのように探せばよいでしょうか。訳文の提出は Google 翻訳でもよいでしょうか。

【解決のポイント】

　ここでは、弁護人が裁判所の手続において外国法を調査するケースの一例（ドイツ人を被相続人とする相続に関する問題）をもとに、日本において外国法の適用が問題となる場面について簡単に説明をします。

　また、外国法の調査の一般的な解決としては①まず、調べるべき法は何なのか、②どのように調べるかの順で検討することになります（現在のインターネット社会では、以前と比べて外国法の調査が容易になった反面、その正確性や扱いも問題となります。）。以下、本ケースに即して、解説します。

A 解説

1．はじめに（裁判所の指示）

　本ケースでは、裁判所から（手続）代理人である弁護士に外国法に関する書面の提出を求められている場面が想定されています。我が国では、法の適用は裁判所（官）の専権であり、また、外国法も日本国内の法律と同様に法であると一般的に解されています。一方で、諸外国においては、外国法は「事実」の問題であるとする国もあります。この場合、法の存否が

当事者の立証責任の問題となる場合もあります。

　しかし、日本の裁判官のすべてが、すべての外国法に精通しているわけではありません。また、学説上、ある外国法が適用されることが決まった際、当該外国法の内容の主張立証の問題に関しては、学説が分かれているところです。職権探知義務説が多数説ですが、この説によっても、すべての外国法の調査には限界があり、弁護士が積極的に関与する必要性は否定されません。実務上は、裁判所（官）から、手続代理人や訴訟代理人である弁護士に対し、外国法が適用されるようなケースにおいて、条文や判例等を提出させることがあります。

　本ケースは、①被相続人がドイツ人であり、②日本の裁判所が国際裁判管轄（日本国内の裁判所が、当該事件につき管轄を有するか否か。）を有する事件において、裁判所から事件を受任した弁護士に指示があった場合を念頭に、外国法の調査について簡単に検討します。

2．本ケースは外国法が適用されるケースであるのか

（１）日本法又は外国法いずれが適用されるかについて

　本ケースは、ドイツ人が被相続人の「相続の件」となっています。家庭裁判所での遺産分割調停・審判、相続放棄手続等が考えられます。

　国際的な要素を含む民事・家事事件について、日本法を適用するのか、それとも外国法を適用するのかについては、通則法をはじめとする各種の法律に定めがあります。このような、「どの国の法律を適用するかを決めるルール」を国際私法と呼びます。この国際私法は、条約等を除くと、各国の立法によることになります。

　日本をはじめ多くの国の国際私法は、民事・家事問題について、いくつかの法律関係に分類し、それぞれの法律関係ごとに上記のルールを定めています。例えば、婚姻、離婚、不法行為、契約、相続というようなものです（ただし、このような各法律関係は、外国法が適用されることが前提ですので、日本の実体法である民法上の概念とは必ずしも一致しません。）。

　本ケースでは、通則法36条が「相続」という法律関係についてどの国（地

域）の法律によるかを定めており、同条によれば被相続人の本国法（原則として国籍のある国の法）によると規定されています。通則法により実際に適用される、外国や日本の法を「準拠法」といいます。

　つまり、本ケースでは、国際私法（通則法）により、亡くなった方の国籍のある国の法が準拠法として適用されることになります。また、通則法36条の「相続」には、①法定相続人は誰か、②相続分はどうなるのか、③相続の法的効果はどうなるのかといった法律関係が含まれます。

　上記ルールによれば、このケースでは、準拠法として被相続人の本国法であるドイツ法が適用されることが考えられ、調査については、ドイツ民法等を念頭に置くことが考えられます。

（2）本ケースにおいても、日本法が適用される場合があること

　相続の問題では、（1）にかかわらず、日本法が適用されることがあります。なぜならば、通則法41条において、当事者の本国法による場合（通則法36条に定める「相続」の問題の場合もこれに当たります。）であっても、「その国の法」に従えば日本法によるべきときは日本法が準拠法となる旨を定めています。これを「反致」といいます。ここでいう「その国の法」とは、本国法として指定された国・地域の国際私法です。そこで、ドイツの国際私法によれば、日本法が準拠法になる場合には、本ケースでも、日本法により相続の問題が判断されることにとなります。

（3）本ケースでの主な外国法の調査対象

　以上に述べた点から、本ケースでは、日本法が適用される場合か否かを調べるために、①ドイツの（相続問題に関する）国際私法規定、②ドイツ法が適用される場合はドイツ民法等の実体法を調査することになります。

│ 3．本ケースでの外国法の調査

（1）インターネット

　本ケースでは、ドイツのサイトを検索することが可能ですが（ドイツは、法令につきいくつかのインターネットサイトにアップしています。例えば、連邦司法省のサイト[1]）、ドイツ語であることが多いです。そこで、ドイツ

民法の略称である「BGB」等を入力し、英語での表示や日本語での訳文を検索します。ここで、注意が必要なのは、インターネットサイトによる場合、出典の正確性を吟味する必要があることです。一般的には、先進国に関していえば、公官庁や高等教育機関のサイトは、私人（日本では、インターネットにおいて、作成者の属性や目的（営業、集客等）、内容の当否にかかわらず法情報が氾濫しています。）のサイトよりも信用性が高いと考えられます。

裁判所にサイト内容を引用したり、印刷して提出したりする場合には、作成者を明らかにする必要があります。ただし、印刷して提出する場合、日本語の訳文が必要です。また、今後は翻訳の精度が向上していくと思いますが、現段階で、法文訳は Google やオンラインの翻訳サイトでは（どの言語で訳すかにかかわらず）、不正確であり、誤解や弁護過誤を生じかねません。条文を訳する場合には、前提となる法情報の理解が求められます。

ドイツ民法典の英語訳文のインターネットサイトについては、例えば、検索の結果、https://www.gesetze-im-internet.de/englisch_bgb/ のようなサイトが確認できます。

また、日本語でのドイツの相続法に関する文献については、例えば、平成26年時点でのものですが、法務省の委託調査の結果がアップロードされています（大村敦志ほか監修「各国の相続法制に関する調査研究業務報告書」公益社団法人商事法務研究会（2014年10月）、http://www.moj.go.jp/content/001128517.pdf で閲覧可能です。）。

本ケースでは、ドイツの国際私法についても調査がなされることになります。ドイツの国際私法の規定は主に EU で制定された規則及び民法施行法（EGBGB）です。相続に関するドイツの国際私法としては、EU 相続規則[2]が適用されます。EU のサイト等で原文は検索可能ですし、相続規則については日本語の論文もインターネット上で確認することが可能です。

（2）書籍

書籍については、まず、日本語や英語等で書かれたものを検索し、当該書籍にアクセス（図書館での閲覧や購入）できるかを検討することになりま

す。ただし、多くの弁護士の場合、日常的に本ケースのような事例の業務を行うことはまれですし、費用対効果の問題もあります（なお、本ケースのようなドイツの国際私法及び民法典の概説書は存在しますが、出版年が古く、近時の改正に対応していません。古書による場合には法改正がなされている可能性を常に念頭に置く必要があります。）。

なお、ドイツに限らず、各国の相続法及び相続に関する国際私法に関し、概括的な説明があるものとして、Lois Garb & John Wood（Eds.）（2015）International succession, Oxford University Press を挙げておきます。

（3）弁護士団体等

外国人事件を扱う1600名以上の弁護士で結成されている外国人ローヤリングネットワーク[3]（LNF）においては、メーリングリスト上で外国法の調査・情報適用が行われております。日本国内の研究機関及び研究者や専門機関にアポイントをとって調査する場合よりも、早期に情報の提供が得られる場合があります。

┃ 4．本ケースではどうなるのか

（1）ドイツの国際私法について

ドイツにおいては、2015年8月17日以降の相続については、上記で述べたEU相続規則が適用になります。同規則16条においては、相続の準拠法を、（選択等がない場合、原則として）被相続人の常居所地法と定めています。また、同条の「相続」とは、相続開始の原因、相続能力、特別な相続の欠格理由、相続及び遺贈の承認、法規、遺産の移転、遺産分割等の問題が含まれます（同規則19条(a)ないし(l)）。また、ドイツでは、相続関係において、EU相続規則が適用されない事項についても、同規則が「準用」されます（ドイツ民法施行法25条）。

（2）日本法が適用される場合について

したがって、同規則に基づき、被相続人の常居所が日本国内であれば、ドイツ国際私法上は日本法が準拠法となるため、通則法41条の反致が成立し、本ケースにおいても日本法が準拠法となります。なお、同規則にある「常居

所」がどのような場合に認められるかは、当該 EU 相続規則の解釈問題となります。本ケースでは割愛しますが、本ケースで、永住者として長年日本に居住している場合には、日本に常居所があると認められることになります。

（3）ドイツ法による場合について

ドイツは、日本と同様に包括承継主義を採用していますが、相続人の種類及び相続分、遺留分等が異なります。詳しくは、上記3の（1）に掲載した法務省の委託調査の資料を参照してください。

（望月彬史）

1　http://www.gesetze-im-internet.de/titelsuche.html

2　Regulation（EU）No 650/2012 of the European Parliament and of the Council of 4 July 2012 on jurisdiction, applicable law, recognition and enforcement of decisions and acceptance and enforcement of authentic instruments in matters of succession and on the creation of a European Certificate of Succession

3　https://www.lnf.jp/

（2）外国法の調査（民事・家事）

Q2

① 国によっては国の中で法律が違うこともあると思うのですが、その国の中でどの法律が本ケースにおいて適用されるのかはどのように調べれば分かるのでしょうか。

② それがあまり知られていない国や地域の法律であった場合、どのように取得して、翻訳すればよいでしょうか。

【解決のポイント】

　外国人や外国法人との仕事を専門としない弁護士の業務においても、特に民事・家事分野については外国法が問題となることが起こり得ます。ここでは、①特定の外国の法律がある事案に適用されるときに、当該「ある国の法」が複数ある場合について説明し、②あまり一般的でない国や地域の法律であった場合について、いくつか参考となる点を紹介します。

A 解説

1．外国法の調査の必要性（民事・家事）

　日本において、一般的な弁護士（いわゆる渉外事務所や大手ローファームとは異なり、外国企業等の事件を専門的に扱わない弁護士）であっても、外国法の内容を調べなくてはならない場合があります。刑事事件や在留資格等の公法の問題については、国内にいる限りは、日本の法律で規律され、その内容に応じた案件の処理がなされることがほとんどです。

　一方、民事事件や家事事件については、Q1の解説2（1）に挙げたような、当事者や事案に国外の要素が含まれることから、日本の国際私法に基づき、外国の法律が適用されるのか、日本の法律が適用されるのか問われ、前

者の場合には外国法の内容について調査しなければなりません（これは訟廷
業務であっても、法律相談や訟廷業務以外の法律事務であっても生じる問題
です。）。今後、日本に外国人が増加することを考えれば、どの地域の弁護士
であっても、直面することがある問題です。

2．同じ国内であっても地域や人によって法律を異にする場合

　Q1では、日本の国際私法のルールに基づき、相続の問題について、「本
国法」が適用されることにより、日本法が適用されることになる場合や、反
致が成立せず、ドイツ法が適用になる場合が生じることを説明しました。ド
イツ民法は、ドイツ国内においては統一的に適用されます。

　しかし、ある法律問題について、日本の国際私法により「本国法」が適用
されるケースで、当該「本国」内において（とりわけ民法・家族法）、以下
（1）や（2）のとおり地域や人により適用される法が異なる国や地域があ
ります（その他、日本の国際私法において、ある「地」の法が適用されるこ
とになる場合（例：不法行為の問題についての通則法17条）には、当該
「地」で実際に適用される法が問題となります。）。

（1）地域によって法律が異なる国（地域的不統一法国）

　米国は、一定の分野の法につき、各州が立法権を有していることから、日
本の国際私法で米国の法が指定されるとしても、州によって法律が異なりま
す。また英国においても、地域によって法律が異なります。ただし、カナダ
のように各州で法律が異なっても、ある分野（離婚）については統一法があ
る国（櫻田嘉章＝道垣内正人編『注釈国際私法（2）』有斐閣（2011年）〔国
友明彦〕260頁）もありますので、同じ私法分野でも注意が必要です（オー
ストラリアについても、離婚に関しては同様です。）。

（2）人によって法律が異なる国（人的不統一法国）

　特に人の身分・親族関係に係る家族法の分野については、その国によって
は人種や宗教により、適用される法律が異なる国があります。例えば、イン
ドやパキスタン、ミャンマー、フィリピン（ただし、フィリピンはイスラム
教徒に適用される身分法以外は統一法です。）、マレーシア、インドネシア、

ナイジェリア等の国がこれらに属します。

（3）法律が異なる国の「本国法」の特定

　ある法律問題について、通則法に基づき、当該外国の方の「本国法」が適用される場合で、その国が地域的不統一法国の場合には、通則法38条3項により、人的不統一法国の場合には通則法40条1項及び2項により、実際に適用される法が決まります。これらについては、国際私法の概説書等を確認してください。

　実務家である弁護士としては、当該外国の法（家族法や、外国における法適用のルール）の実際の内容の調査について問題となる場合が多いです。これについては、裁判所における事件であれば、裁判所との協議・協働を通じて、適用される外国法を確定させていくことになります。

3．調査における参考として

（1）条文原文及び現地語関係

　当該各国のサイトを検索することが考えられます。ただし、政府系サイト等を含め、出典として問題がないか否かについては検討が必要です。このうち、EU加盟国はEUのサイトで検索可能です。なお、米国やその他先進国は政府や立法府サイトで検索可能です。

　また、京都大学国際法政文献資料センター等の各種ポータルサイト[1]に代表される各種サイト（⇒国外の同種サイト（大学等））も有用です。

　海外の機関としては、ILOのサイト[2]やWIPOのサイト[3]等は、労働、知財分野のみならず民法等の英訳もあり、参考になります。

　また、検索の際には、英訳や原語での法律名、用語名を入力して検索したり、法に限らず、当該法に関連するインターネット上の論文等からさらに参考文献を引いたりする等の工夫も考えられます。

（2）外国語の文献等について

　実務上、最も手っ取り早いのは英語文献や法典（本・紙媒体等）になります。これらについては、大学図書館や研究機関等で入手できるかを検索することになりますが、都市部と地方の格差の問題もあります。専門的に扱うわ

けではない場合には、費用対効果の問題もあります。

　費用対効果の点を度外視すれば、Amazon や外国の法律書店のサイト（Wildy & Sons）を検索し、そのうえで当該書籍がどこかにあるかを検索するといった方法もあります（仮に購入する場合には、国際私法に関しては、Wolters Kluwer から英語での文献が多数発売されている（一部相続法や家族法の解説本もあります。）ほか、コモンロー系のアフリカ諸国、カリブ諸国各国の国際私法に関する概説書は入手可能です。）。

　なお本国法の特定が問題となる家族法分野については、各国の家族法の概説書のうち市販のものとして、James Stewart 編『FAMILY LAW-JURISDICTIONAL COMPARISONS〈第3版〉』Thomson Reuters（UK）を挙げておきます。

（3）問合せ等

　Q1の解説3（3）で述べたとおり、外国人ローヤリングネットワークのほか、領事館、現地弁護士（会）や研究機関等への問合せが考えられますが、在日の大使館領事館職員は、自国法の専門知識を有していないことが多い点に注意が必要です。

（4）邦訳・日本語関係

　ア　サイト等

　　　外務省ハーグ条約室サイトには、締約国の家族法等の邦訳があるほか、法務省サイトにも、法整備支援関係で、ベトナムをはじめとする東南アジア、CIS 諸国などの民法典等の邦訳があります。

　イ　文献

　（ア）木村三男監修『渉外戸籍のための各国法律と要件（Ⅰ～Ⅵ）〈全訂新版〉』日本加除出版（2015-2017年）

　　　網羅的に各国家族法や国籍法等の邦訳がありますが、人的不統一法国（属する宗教ごとに違う法が適用される国）についての情報は多くありません。

　（イ）戸籍時報（雑誌）

　　　各国家族法や国際私法の邦訳や概説が連載されています。バックナ

ンバー等の利用も、大学図書館や市役所等には常備されていることが多く、容易です。

ウ　参考（その他の国・地域について）

中国、韓国、台湾、フィリピンは、毎年発売される『戸籍実務六法』（日本加除出版）に家族法及び国際私法等の邦訳条文があります。また、中国・韓国は日本語での概説書が市販されています。

イスラム法圏に関しては、柳橋博之編著『現代ムスリム家族法』日本加除出版（2005年）にアジア各国の条文の邦訳、解説があるほか、大村芳昭『国際家族法研究』成文堂（2015年）には人的不統一法国における法の解説があります。

4．実務上の留意点について

条文が原文の場合、対裁判所への提出等には邦訳が必要です。翻訳費用の問題も事案（とりわけ家事事件）によっては生じます。日本語の文献による条文訳があればそのまま提出することが多いです。

（望月彬史）

1　http://ilpdc.law.kyoto-u.ac.jp/frameset-mokuji.htm
2　https://www.ilo.org/dyn/natlex/natlex4.home?p_lang=en
3　https://wipolex.wipo.int/en/main/legislation

（3）相談先

Q 3

① 私は外国人や外国法が関係する事件を扱うことがあまりないのですが、このたび、外国人や外国法が関係しそうな事件を受任することになりました。事件のことを相談できる弁護士のみのメーリングリストやグループなどはあるのでしょうか。

② 弁護士以外で、外国法などについて相談できる機関やコミュニティなどはありますか。

【解決のポイント】

① 外国人ローヤリングネットワーク（LNF）というネットワークのメーリングリストなどがあります。守秘義務に気をつけながら相談しましょう。

② 領事館や大使館、国際交流協会などに相談できる場合もあります。もっとも、法律の専門家ではないので注意が必要です。

A 解説

1．弁護士などへ相談する場合

外国人ローヤリングネットワーク[1]（LNF）とは、弁護士によるコミュニティであり、その目的に賛同した弁護士には入会資格があります（準会員として研究者や司法修習生が入会する場合もあります。）。このネットワークでは、メーリングリストで他の弁護士に相談ができたり、定期的に開催されるゼミやセミナー・シンポジウムに参加することで情報の収集・活用ができるようになります。

２．弁護士以外に相談する場合

　各国の領事館や大使館に手続や制度などの質問をしたり、地方自治体の外郭団体である国際交流協会に相談することができる場合もあります。

　また、フィリピンについては、フィリピンの海外雇用庁（ＰＯＥＡ）の出先機関であるＰＯＬＯに相談することができるケースもあります。

　もっとも、いずれも法律の専門家ではないので、その点に留意しつつ相談しましょう。

（森山直樹）

1　https://www.lnf.jp/

2 言語の壁の乗り越え方

（1）通訳の確保のしかた

Q4

① 法律相談に通訳人を同席させてもよいのでしょうか。よい場合、その通訳人はどのように確保すればよいのでしょうか。

② 通訳人の費用には報酬基準などはあるのでしょうか。通訳人に費用を支払う場合、弁護士が支払うのか、相談者が支払うのか、決まりがあるのでしょうか。

③ 相談者が少数言語の方の場合、どのように通訳人を確保すればよいでしょうか。

【解決のポイント】

① 相談者が承諾すれば同席には問題ありません。通訳人は、相談者が同行させる場合もありますが、通訳人名簿を用意している単位会もあります。法テラスの通訳人名簿を利用できる場合もあります。

② 報酬は、相談者が直接通訳人に支払う場合もあれば弁護士が支払う場合もあるでしょう。弁護士特約などで通訳費用が出る場合もあります。

③ 通訳人名簿にいない場合、各メーリングリスト等で同業者に尋ねたり、知っている通訳人からの紹介を受ける方法などが考えられます。

A

解説

1．通訳人の同席・確保

通訳人の同席は、相談者が承諾しさえすれば問題はないでしょう。守秘義務の点については、あらかじめ通訳人に説明しておきましょう。

通訳人を相談者が同行させる場合もありますが、相談者が同行させる通訳

人が法律用語まできちんと通訳できるとは限りませんし、そもそも通訳人の知り合いがいない相談者もいるでしょう。そのような場合には、弁護士のほうで適切な通訳人を確保する必要があります。

単位会によっては、通訳人名簿が存在し、会員が閲覧することができます。それを見て、適切な言語の通訳人がいれば、その人に連絡をして通訳人となってくれるようお願いすることができます。

法テラスを利用する民事事件の場合（外国人事件で法テラスが利用できる場合についてはQ8記載のとおり）、法テラスに備え置いている通訳人名簿を利用できます。弁護士会の通訳人名簿と法テラスの通訳人名簿は、重複しているところも多いですが、どちらかにしか載っていない通訳人がいることもあります。

名簿の存否や利用方法については、各単位会か法テラスに聞いてください。

2．報酬基準や支払方法

通訳人の費用について明確な基準があるわけではありません。法テラス事件の場合は、法テラスが定めた基準があります。法テラスではない事件でもこの基準を利用する方もおられるとは思いますが、法テラス事件以外であれば、この基準を利用しなければならないということはありません。

支払方法については、直接相談者が通訳人に支払う場合もありますし、その他実費などと同様にまずは弁護士が通訳人に支払い、その後弁護士が相談者に請求する場合もあるでしょう。

なお、交通事故などの場合に相手方が要通訳の場合でも保険会社が通訳人費用を負担してくれる場合があります（相手方が通訳人の場合などでも同様です。）。この点については、相談者が契約している保険会社などに聞いてみましょう。

3．少数言語の通訳人の確保

少数言語の通訳人を確保するのは難しい問題です。特に地方などで通訳人

の数自体が少ない場合は深刻な問題でしょう。LNF や単位会のメーリング
リストなどを利用して通訳人を知っている弁護士を探したり、通訳人からの
紹介を受けたりするなどの方法が考えられるでしょう。

（森山直樹）

3 その他

（1）委任状について

Q 5

外国人の依頼者から事件を受任することになりましたが、依頼者は印鑑を持っていません。委任状への押印や委任状の作成はどうしたらよいでしょうか。

【解決のポイント】

結論からいうと、依頼者が外国籍であり、印鑑を持っていない場合には押印は不要です。また、委任状の作成に際しては、日本語で行う場合でも、依頼者が委任状の内容を理解したことを示すものを添付・証拠化しておくことが望ましいです。

A 解説

1．委任状に関する法

（1）裁判手続外の事件の場合

依頼者からの委任（又は準委任）を受ける場合、当該委任契約に適用される法（準拠法）は、通則法7条によることになり、当事者の合意により定まります。また、準拠法の合意がない場合でも、多くの場合、通則法8条1、2項により、日本法となる場合がほとんどです。委任状作成の前提となる委任契約書において、準拠法を日本法に定めておけば、改めて委任状に準拠法を定める必要はありません。

また、法律行為の様式については、上記の準拠法によるほか（通則法10条1項）当該法律行為の行為地の法でも有効です（通則法10条2項）。つまり、多くのケースは日本法になります。

日本法上、委任は諾成契約で非要式行為ですので、委任状や委任契約書そ

れ自体は委任契約の成立要件とはならないことになります。しかし、委任契約書については、弁護士職務基本規程30条（委任契約書の作成）に留意してください。結論としては作成すべきことになります。

（2）裁判所での手続での委任状について

　訴訟を含めた民事裁判手続・家事事件手続の手続問題については、「手続は法廷地法による」という原則から、日本の訴訟（手続）法が適用されます。つまり、民事訴訟であれば民事訴訟法及び民事訴訟規則、家事事件であれば人事訴訟法や家事事件手続法、同規則に基づいた委任状が求められます。

2．押印について

　押印が必要な点については、外国人ノ署名捺印及無資力証明ニ関スル法律（明治32年法律50号）に定めがあります。同法1条1項は、「法令ノ規定ニ依リ署名、捺印スヘキ場合ニ於テハ外国人ハ署名スルヲ以テ足ル」規定し、署名捺印する場合には署名で足りること、同条2項は、「捺印ノミヲ為スヘキ場合ニ於テハ外国人ハ署名ヲ以テ捺印ニ代フルコトヲ得」とし、捺印のみの場合にも署名で足りる旨を規定しています。したがって、依頼者が外国籍を有する方の場合には、署名で足りることになります。

3．委任状について

　通常の訴訟委任状や手続代理委任状に署名をもらう方法が考えられますが、この場合、言葉の分からない依頼者だとすると、当該委任状の記載内容につき理解しているかが不明確な場合があります。そこで、この場合、翻訳のうえ内容を理解しましたという書面を添付する方法のほか、日本語の委任状に外国語を併記する方法もあります。

　本ケースでは、その一例として、日英併記の人事訴訟における訴訟代理委任状のサンプルを掲載します（民事の一般的な訴訟委任状のひな型と異なり、委任事項に手形訴訟に関する事項を独立して設けておりませんが、民事訴訟にも利用できます。）。

　また、委任契約書や委任状の書式は、Ｑ３の解説１で述べたＬＮＦ会員で
あれば同会員サイト内にも掲載があり、参考になります。

《書式例》

訴 訟 委 任 状

Letter of Authorization for Lawsuit

Date:＿＿＿＿＿＿＿＿＿＿＿＿

（Year）（Month）（Day）

住所（Address）

委任者

Signature:＿＿＿＿＿＿＿＿＿＿＿＿＿＿＿

Name（in print）:

　私は，次の弁護士を代理人と定め，下記の事件に関する訴訟手続を委任します。

I, hereby, appoint the attorney-at-law below as my legal representatives for the below-mentioned court case.

　〒○○○－○○○○　　　市　　区○○○○○○…

○○○○○○○○, ○○ -ward, ○○○○ zip ○○○－○○○○

　○○法律事務所（　○○　Law Office）

TEL：（　　）

FAX：（　　）

弁護士　○　○　○　○（○○県弁護士会△△支部所属）

○○○○, Attorney-at-law

（Member of ○○ Bar Association △△ Branch）

記

第1　事件

Description of Case

1　当事者　　　　　　Parties

原告

Plaintiff

被告

Defendant

2 裁判所　　　　　○○家庭裁判所△△支部

Court　　　　　　○○ Family Court △△ Branch

3 事　件　　　　離婚等請求事件

Title of Case　　Divorce Case

事件番号　　　　令和2年（家ホ）第　　号

Case No.　　　　No.　　（Ie-Ho）2020

第2　委任事項

Scope of Power

1　訴えの提起（反訴提起を含む），訴訟追行及び原告又は被告がなす一切の行為を代理する権限

Filing lawsuit (including a counter claim), Litigation, and Authorization to execute any acts on behalf of the plaintiff (or the defendant) in regard to the above-mentioned case.

2　訴えの取下げ，和解，請求の放棄若しくは認諾又は訴訟参加若しくは訴訟引受けによる脱退

Withdrawal of Lawsuit, Settlement, Waiver of Claims, Acknowledgement of Claims, Participation in those, Withdrawal from those.

3　控訴，上告若しくは上告受理の申立て又はこれらの取下げ

Appeal to High Court Supreme Court or Petition for Admission of Appeal to Supreme Court, Withdrawal of Appeals or Petition.

4　復代理人の選任

Appointment of Subagent(s).

（望月彬史）

（２）離婚に伴う問題（親権者指定）

Q6

相談者は、日本で暮らす日本人なのですが、配偶者が外国人であり今般離婚することになるそうです。彼らには子どもが１人いるのですが、子どもが日本国籍なのか、二重国籍なのか、詳しいことはまだ聞いていません。子どもの国籍によって離婚の際の親権者の指定に異なる点はあるでしょうか。

【解決のポイント】

　まず、日本法では、離婚時に親権者が指定され、単独親権となることから、未成年の子がいる場合には子の親権者の指定が問題となります。しかしながら、そうでない法制度をとる国も多くあり、また日本法における親権と各国の親の権利（財産管理や監護等）との立法や法政策に差があります。

　この差があることを認識したうえで、①離婚の際に親権はどうなるのか、②①や具体的内容はどのように決まるのかにつき、子の国籍、父母の国籍等を確認し、検討することになります。

解説

１．離婚に伴う問題か、親権の行使の問題か

（１）日本国内の事件の場合の考え方

　日本においては、協議離婚においても調停・裁判離婚についても、離婚時には子の親権者指定がなされ、裁判においては、当事者が申立てをしなくとも親権者が指定されます（民法819条１、２項）。また、家事事件においては、監護権に関する紛争につき、事件類型が存在しますが（例：監護権者の指定）、離婚訴訟では親権と監護権者に分属させることはあまり多くなく

（青木晋編著『人事訴訟の審理の実情』判例タイムズ社（2018年）16頁）、親権者のみが指定される結果、親権者が監護権者となることが大半です。

（2）外国法の適用について

　一方、当事者が外国人であったり、子が外国籍であったりする場合については、日本国内においては（後述のとおり、裁判等においては日本に国内裁判管轄が認められる場合には）、通則法により、どこの国のルールで法律上の問題を解決するかが問題となります。つまり、日本においても、外国法が適用される場合が生じ得るのです。

　そして、諸外国では、離婚によっては原則として監護権も親権も分離せず、共同で行使する法制や、監護権について詳細に取り決めたうえで、親権（子どもに対する包括的代理権や財産管理権限）は共同のままとなる法制があります。つまり、通則法により適用される外国法（親権に関する準拠法）の内容によっては、そもそも日本の国内事例と異なり、離婚時に親権者指定がなされず、共同親権のまま、ということも生じ得るのです。なお、主な国（子の連れ去りに関するハーグ条約の締約国）の親権を含む監護法制については、外務省ハーグ条約室のサイト内にある、ハーグ条約関連資料[1]も参考になります。

（3）準拠法の決定

　では、離婚手続段階での親権の帰属（誰が離婚後に親権や監護権を行使するか等）をどの国・地域のルールにするか（準拠法）は、どのように考えるべきでしょうか。

　離婚時の子の法的な問題を、離婚手続に伴う問題だと考えれば、通則法上の「離婚」の問題として同法27、25条により、準拠法を決めることになります。しかし、親権の帰属（指定や停止等）の問題は、必ずしも離婚請求の有無にかかわらず生じることや、離婚の準拠法についてのルールである通則法27条は「夫婦間の問題」のルールであり、「親子間の関係」を念頭に置いた立法でないことから（この点については、加藤文雄『渉外家事事件整理ノート〈新版〉』新日本法規出版（2008年）155、258-259頁も参照。）、実務上は、「親権」の問題として通則法32条により、準拠法が決定することになります。

2．管轄・準拠法の決定について（通則法32条を前提に）

（1）国際裁判管轄について（日本国内で離婚時に親権者の問題につき管轄を有するか）

この問題については、平成31年4月1日施行の人事訴訟法等の改正により、立法化がなされています。本ケースのように離婚の手続に合わせて親権者の指定も申し立てられることが想定されますが（調停離婚や裁判離婚）、裁判離婚に伴う親権者指定の国際裁判管轄については、人事訴訟法3条の4により、離婚訴訟について国際裁判管轄が認められる場合には併せて子の監護に関する処分に関する事件についても国際裁判管轄を認めています（これにより、国際裁判管轄が認められる場合には、家事調停においても国際裁判管轄が認められます（家事事件手続法3条の13第1項）。）。

（2）準拠法の決定方法について

ア　前提問題

まず、子が未成年者か否か（成人年齢が何歳か）は、通則法4条1項により、子の本国法（現在の子の国籍国の法）により決定されます。実務上は、子が小さい頃の離婚のケースが多く、この点を検討するまでもなく未成年だとされるケースが多いです。子どもが重国籍の場合や、地域や宗教で法を異にする国の国籍である場合については、Q2の解説2を参照してください。子が日本と外国の二重国籍の場合には日本法が本国法となります（通則法38条1項ただし書）。

イ　通則法32条について

同条に基づき、親子間の法律関係に適用される準拠法を決定します。まず、親（父母）子の現在の本国法をそれぞれ決定します。当事者によっては、婚姻時と現在で、帰化等により国籍が変更になる場合がありますが、以下のように現在の本国法を決定します。

（ア）子の本国法と父母の双方又は一方の本国法が同じ場合には子の本国法

（イ）子の本国法と父母の双方又は一方の本国法が同じでない場合には子の常居所地法（ウで説明します。）

ウ　常居所地法について

「常居所」とは、人の私的な生活関係の拠点、中心とされますが、直接的な定義が法定されているわけではありません。住所と居所の中間ぐらいの概念といわれ、人が平常居住し現実に生活の本拠としている場所を意味します（出口耕自『論点講義国際私法』法学書院（2015年）58頁）。常居所が認められるかについては、居住の期間、意図、出国の有無等の事情を考慮して決定されることになります。

一方、戸籍事務についても、常居所地法の認定が必要な場面がありますが、戸籍には実質的審査の機能がなく、事務処理上これを画一的に判断する必要があります。そこで、戸籍事務における常居所地の認定は法務省による通達（「法例の一部を改正する法律の施行に伴う戸籍事務の取扱いについて」平成元年10月2日民二第3900号民事局長通達第8記載）により処理されています。しかし、法的には、常居所地の認定については、同通達・戸籍実務に拘束されません。

同通達については、種々ありますが、子が日本国籍の場合には原則として住民票があればよく（ただし、海外に一定期間いる場合等の例外がいくつかあります。）、外国人の場合でも、日本で出生し出国していない者や一定の在留資格を有していることに基づき、認定されることになります。

｜3．実務上の注意点

相談ないし受任前には、当事者の国籍、日本人が当事者の一方であれば戸籍（婚姻や子の出生の登録の有無）、日本での居住歴等を確認する必要があります。また、事前に子の国籍等が分かり、準拠法決定に必要な情報が得られている場合で、当該準拠法が外国法となるケースについては、日本での離婚に伴う親権者の指定と異なる問題が生じることを説明したうえで、手続等の相談に乗ることが検討されます。

（望月彬史）

1　https://www.mofa.go.jp/mofaj/ca/ha/page22_001672.html#section 2

（3）法定代理権

Q7

外国人の未成年者が当事者の事件を受任するに当たっての注意点はあるでしょうか。

【解決のポイント】

　ここでは、①まず、その外国人が「未成年者」であるのか、②そうだとして、誰が法定代理権を有するのか、③日本での訴訟能力や訴訟代理はどうなるのかという問題に分かれます。それぞれを検討したうえで、対応を考える必要があります。

A

解説

1．ある人が未成年か否か

　ある人が未成年であるか否か、という問題は、その人に行為能力があるかという問題と関連します。これは、日本も含め諸外国では、成人となることで完全行為能力者とされる法制をとる国が多いためです。

　この問題については、通則法4条に定めがあり、この規定に基づいて、どの国・地域のルールが適用されるか（準拠法）が決まるので、条文を確認してください。

　基本的には、当該人の本国法（基本的には当該人の国籍国の法です。本国法の決定についてはＱ2の解説2を参照。）が、この問題には適用されます（同条1項）。成人年齢を18歳とする国が多く、日本も今後成人年齢を18歳とする改正法の施行が2022年4月1日に予定されていますが、未だに成人年齢は国ごとで違うので、注意が必要です。

　また、当該本国で未成年者となり、行為能力を有しない場合であっても、行為地（例えば日本とします。）では行為能力者である場合、その法律行為

の当時、当事者すべてが日本にいた場合には、行為能力者とされます（同条2項）。このルールの適用除外に関する規定が同条3項です。

このような観点から、行為能力者か否かを決定することになり、示談交渉等の委任状が本人でよいのか、法定代理人が必要なのかが判断されます。子と親との法定代理関係の範囲・有無の問題（夫婦間の子の場合、子に関する代理権行使は片方の親でよいのか否か等）は、通則法32条により決定されます。通則法32条については、子の親権者指定に関するQ6を参照してください。実務的には子の本国法と同一になる場合が多いです。

｜2．訴訟事件について

上記1では、行為能力について説明しました。ここでは、日本で訴訟事件等の相談を受け、受任する場合の本人（外国人）の訴訟に関する問題について説明します（この問題については本間靖規ほか『国際民事手続法〈第2版〉』有斐閣（2012年）109-127頁が参考になります。）。

本人が訴訟を自ら追行することができるか（訴訟能力）については、手続問題であることから、日本法が適用されます。そして、民事訴訟法28条及び33条に訴訟能力についての規定があります。

民事訴訟法28条は「当事者能力、訴訟能力及び訴訟無能力者の法定代理は、この法律に特別の定めがある場合を除き、民法（明治29年法律第89号）その他の法令に従う。訴訟行為をするのに必要な授権についても、同様とする」と定めており、同法33条はその特則として「外国人は、その本国法によれば訴訟能力を有しない場合であっても、日本法によれば訴訟能力を有すべきときは、訴訟能力者とみなす」と定めています。

これらの条文の解釈は分かれますが（上記参考文献参照）、外国人の本国法上、行為能力が認められれば（つまり、外国においては成人であるような場合）、訴訟能力が認められると考えられます（ただし、この点は事前に裁判所に確認して見解を確認しておくことも検討されます。）。

また、本人に訴訟能力のない場合（例：未成年の場合）に、親が行為能力者（ゆえに日本でも訴訟能力を一般的には有します。）であっても、子の法

定代理人として子の事件につき訴訟追行できるか否かについては、上記のとおり通則法32条により定められた準拠法で決まることになります。

3．その他（実務上の問題点）

　上記１及び２の検討にかかわらず、専ら子の本国法上未成年であると考え、その両親双方から委任状や訴訟委任状をとることで、比較的多くのケースでは問題なく実際の弁護士業務が行うことができるとも考えられますが、一方で事案によっては未成年者の他方親と折衝できないケース等も生じ得ます。個々の事例においては、親子間に適用される準拠法や子の本国法を確認する必要があることを念頭に、相談でのアドバイスや受任の可否を検討することになります。

（望月彬史）

（4）扶助の利用ができる場合

Q 8

外国人の場合でも法テラスを利用できるのでしょうか。

【解決のポイント】

　我が国に住所を有していない場合や、適法な在留資格がない場合を除けば、日本人と同様の要件で外国人も法テラスを利用できます。

A

解説

1．外国人の法テラス利用条件

　　相手方が外国人の場合（相談者が日本人）はもちろん通常と同様の要件を満たせば法テラスを利用することができます。相談者自身が外国人の場合であっても、適法な在留資格を有し、我が国に住所がある人であれば、同様です[1]。それ以外の審査基準は日本人の場合と異なりません。

2．援助申請等について

　外国語の申込書は現在、公式にはありませんが、日本語の申込書に記入する際に見てもらう外国語の説明用紙（英語、中国語、タガログ語、スペイン語）は全国の法テラスにあるようですので、ご確認ください。また、特定の外国人が多い地域では、地域ごとの独自運用として、別の配慮をしている場合もありますので、ご利用の地域の法テラスに確認してみるのがよいでしょう。

3．その他の法テラスによるサービス

　弁護士に相談が来る場合はあまり使いませんが、法テラスは外国語での情

報提供を行っております（ただし、これは法律相談ではなく、法制度の紹介や弁護士会等の関係機関の紹介等です。）。これは、外国人の方が電話をかけると、通訳業者につながり、そこから法テラスに連絡をすることで、外国人、通訳業者、法テラス職員による通話が可能となるものです。

　現在（2019年11月時点）、英語、中国語、韓国語、スペイン語、ポルトガル語、ベトナム語、タガログ語、ネパール語、タイ語につき利用可能です。詳しくは https://www.houterasu.or.jp/multilingual/japanese/index.html（日本語）で確認してください。

（森山直樹・望月彬史）

1　https://www.houterasu.or.jp/madoguchi_info/faq/faq_3.html

Ⅱ 各論

国際離婚って手続はどうしたらいいの?」「外国の財産を遺言するにはどうする?」など、外国人や外国法の関係する法律相談が多い分野について、具体的なケースをもとに、Q&A形式で収録しています。

1 離 婚

（1）当事者と管轄

ア 日本での婚姻

（ア）日本人と外国人

Q9

日本人男性からの相談です。本人は外国人の妻と日本で結婚し、日本の役所に婚姻届を提出しました。夫婦は現在も日本で暮らしています。ところが、本人はこのたび妻との離婚を考えています。日本の家庭裁判所で、日本法によって離婚の手続をとることができるのでしょうか。

【解決のポイント】

　この問題は、多くの場合日本法となることから、日本の離婚手続のとおりにアドバイスをすることになるのですが、当事者の一方が外国人であるがゆえに、生じる点もあります。

A 解説

1．離婚に関する法律について

（1）離婚の可否等について

　このケースでは、日本人と外国人（外国籍を有する者）とが日本で婚姻したものの、日本国内で離婚をしようとしている場合を想定しています。

　まず、通則法27条は、「離婚」に関してどの国・地域のルール（準拠法）を適用するかを定めています（条文の規定では、原則として、同法25条を準用するとしています。）。なお、通則法27条の「離婚」は、準拠法となり得る外国法上の離婚や関係解消が含まれるため、「日本民法上の離婚概念そのもの」ではありませんが、実務上、あまり差異は問題とならず、離婚の問題については、通則法27条により、決定されることになります。

通則法27条の「離婚」に含まれる法的問題には、離婚原因、離婚の方法（協議離婚でよいのか否か、裁判離婚なのか。）、離婚の効力の問題が含まれます。ただし、離婚の準拠法で認められた離婚方法に関する実際の手続の問題（例えば、離婚の準拠法が、協議離婚を認める場合、どのように行うか、届出なのか登録なのか等。）は、通則法34条により、①当該法律行為の成立について適用すべき法（通則法27条で決定された離婚の準拠法）又は、②行為地法（日本で離婚するのであれば日本法）によるとしています。

なお、離婚の効力の問題には、財産分与や離婚自体を原因とする慰謝料の可否等が含まれます（離婚に伴う慰謝料について通則法上「離婚」の問題とするのか「不法行為」とするかは、見解が分かれています。）。

本ケースでは、日本人男性は、日本に住所を有する方が想定されています。通則法27条ただし書では、夫婦の一方が日本に常居所を有する日本人の場合、離婚に関する準拠法は日本法となります（日本に住民票を有する日本人であれば、実務上常居所は問題なく認められることがほとんどです。）。離婚の方式についても日本法となります。したがって、離婚の可否等については、日本民法等が適用になります。

また、離婚の準拠法を指定する際には、準拠法が当事者の本国法であっても、反致は認められません（通則法41条ただし書）ので、当事者の国籍国の国際私法は調べる必要はないといえます。

（2）手続について

日本は協議離婚を認めています。協議離婚ができない場合には、調停離婚、裁判離婚の手続をとることになります。

（3）日本での離婚の外国での効力

本ケースでは、相談者が日本人であり、仮に協議離婚が成立すれば、相談者は再婚が可能となるほか、離婚に伴う各種の手続も可能です。日本人相談者の場合には、これで問題は生じないことが多いと思います。

しかし、本ケースの日本国内での婚姻（及び婚姻関係）が他方当事者の外国人の母国で登録されている場合、日本の協議離婚の提出のみでは当該母国において離婚できていないことになり、日本と外国で婚姻関係が区々になる

場合が生じます（これを跛行的身分関係（跛行婚）といいます。）。

　他方当事者の母国において、他方当事者も離婚したことになり、再婚ができるようになるかは、他方当事者の本国の法制度を確認しなくてはなりません（なお、一般的に、協議離婚の制度がある国は多くありません。）。また、この問題は、調停離婚の場合にも生じます。国によっては、日本のように当事者の合意による調停（裁判官が判断しない。）について、現地で有効な離婚として承認されない可能性があります。

　さらに、離婚に伴い、外国人の妻の在留資格が変更になる場合があり、妻がこれを認識していない場合に、トラブルの原因となりかねません。

２．実際のアドバイス等

（１）日本法によることができるかについて

　まず、婚姻締結日及び婚姻後の国内での居住状況や期間を住民票や法律相談時に確認し、通則法27条ただし書に該当するか確認します。

　相談によっては、本ケースとは異なり、日本法により戸籍への届出で成立した婚姻ではなく、外国で婚姻し、当該外国で成立した婚姻を日本で届出したケース（既に有効な婚姻を、報告的に届け出たケース）や、婚姻後外国での同居期間の方が長く、相談直前に帰国し住民票を設定したケース等が考えられ、この場合通則法27条ただし書の適用がなく、同法25条のルールに沿って離婚に関するルールがどの国の法によるか検討することになります。

（２）他方当事者への配慮

　本ケースでは、相談者が日本人であっても、離婚により外国人の（元）妻には①在留資格、②母国での身分関係の変更といった問題が生じます。受任の段階で、依頼者の相手方である日本国外での離婚の承認手続や有効化については委任の範囲でないものの、そのようなことが生じること、場合によっては、離婚に合意していたとしても、元妻の本国法上、家庭裁判所の手続を経ることが望ましく、別途手続が必要であることをよく説明しておくということも考えられます。

（望月彬史）

（イ）外国人と外国人

Q10

中国（中華人民共和国）国籍の女性からの相談です。この方は中国人同士が日本で出会い、日本で婚姻届を提出したようです。しかし、彼女はこのたび離婚を考えているようです。日本の家庭裁判所で、日本法によって離婚の手続をとることができるのでしょうか。

【解決のポイント】

　本ケースは、後述のとおり、実質的要件を外国法とし、方式を日本法とする婚姻が日本国内でなされた外国人夫婦がおり、その一方（妻）からの離婚の相談です。

　この場合でも、離婚の可否等についてはQ9で述べたとおり、通則法27条、25条により決定されます。

　また、外国人同士の場合には、日本での婚姻のほか、外国でも婚姻を登録している場合があります。この場合には日本の離婚が外国でどのような効力を有するのかについてもアドバイスするとよいでしょう。

A

解説

1．本ケースの婚姻について

（1）婚姻の成立に関する問題

　本ケースでは、外国人同士が日本で婚姻届を提出したと相談者が述べています。そこで、（本来はあまり問題となりませんが）まず日本での外国人同士の婚姻の有効性が問題となります。婚姻の成立の問題については、①方式の問題（届出や公的機関への登録、挙式を行うことが要件になっているのか。）という点と、②実質的要件の問題（何歳から結婚できるか、親の同意がいるか、何親等は婚姻禁止か、再婚禁止期間があるか等。）に分けて考えま

す。

（2）①方式の問題に関して

　上記（1）の①については、当事者の一方の本国法か日本法に基づくことになります（通則法24条2項、3項本文）。本ケースでは、日本法に基づき戸籍に婚姻届を届け出る方法で婚姻がなされているのであれば、日本国内では婚姻が有効に成立していることが考えられます（このような、外国人同士の婚姻の届出については、届出時に、（1）の②婚姻の実質的要件の準拠法に定める要件を満たすことを証する婚姻要件具備証明書を添付することになります。）。

　ただし、本ケースのように、日本で婚姻届を届け出ることで婚姻をした場合に、外国（中国）において日本で有効に成立した婚姻がどのように扱われるかについては、その外国における法律によることになります。なお、本ケースのような場合、別途夫婦が中国国内の婚姻登記（登録）機関に共同して出頭し、中国国内で婚姻登記を行っている可能性もあります。

┃ 2．日本国内での離婚について

（1）日本の家庭裁判所における調停・訴訟での手続について

　Q9で述べたとおり、離婚の問題に関しどの国の法が適用されるかについては、通則法27条、25条により決定され、夫婦の共通本国法である中国法が適用されます（中国婚姻法等（現行の中国婚姻法は単体の法律ですが2020年3月には民法典の婚姻編として再編される予定です。）法規の訳文及び解説については、Q2記載の文献のほか、加藤美穂子『中国家族法［婚姻・養子・相続］問答解説』日本加除出版（2008年）が参考になります。）。

　したがって、離婚の可否は、日本法ではなく中国法で判断されることになります。

　なお、中国法では、日本とは異なりますが、中国国内の婚姻登記機関での協議離婚、調停離婚（訴訟外・訴訟内での調停）、裁判離婚があります（裁判離婚については、訴訟内調停前置主義です。）。

　本ケースでは、手続は日本の家庭裁判所で行うことになります。①家事事

件（及び訴訟）手続問題については日本法によることになり、②離婚の要件については中国法となります。

上記のうち、②の問題である離婚原因については、中国婚姻法32条2項、3項に定めがあり、特に同条2項（感情の破綻及び調停の効果がないこと）は日本よりもかなり広く破綻主義を採用しているものといえます。

また、同条3項は、調停が無効であり㋐重婚又は配偶者を有する者が他人と同棲した場合、㋑家庭内暴力及び家族への虐待・遺棄、㋒賭博・薬物使用で指導しても改めない場合、㋓感情の不和により満2年別居している場合、㋔その他夫婦間上の破綻を引き起こしている場合を離婚原因としています。

（2）日本国内における協議離婚の可否について

中国法上、協議離婚が認められていることから、日本の方式、つまり戸籍での届出により、協議離婚も可能です。本ケースでは、離婚に関するする準拠法は中国法となりますが、戸籍への届出の際に、外国（中国）法では合意による離婚が可能であることを証明するための証明書の提出は不要です（佐藤やよひ＝道垣内正人編『渉外戸籍法リステイトメント』日本加除出版（2007年）〔織田有基子〕230頁）。

3．日本での離婚の中国での効力について

本ケースにおいて、中国人同士が中国でも婚姻登記（登録）を行っている場合には、日本での離婚の中国での効力が問題となります。

（1）日本での調停・裁判について

まず、中国では、中国国外での離婚裁判等の承認対象を、「離婚判決」及び「離婚調解書」としています（人民法院における外国法院離婚判決の承認申請事件の受理問題に関する規定3条）。そして、「離婚調解書」には日本の家庭裁判所の調停調書が含まれるとされています（馮茜「中国における外国裁判の承認・執行─家事事件を中心に」国際私法年報19号（2018年）58頁）。したがって、日本での調停離婚・裁判離婚成立後、当事者が人民法院において当該離婚の承認を求めることになります。ただし、離婚に付随する問題（財産分与や慰謝料）も承認されるかは別途検討が必要です。上記参考

文献を参照してください。

（2）協議離婚について

　上記規定では、裁判所以外の機関の協議離婚文章が対象とならないということになります。したがって、日本の協議離婚届（の受理証明）は承認の対象にならないおそれがあります（執筆者の見解として、https://note.com/hamamatsu/n/nbe039e59cefa）。

　日本国内で協議離婚した場合、当該当事者双方の協力が可能であれば、中国の婚姻登記機関での協議離婚をアドバイスすべきです。

┃ 4．実際の注意点等

　相談に際しては、婚姻を証するもの（届出の受理証明があれば持参してもらう等）及び中国国内での婚姻登記の有無を確認し、中国法上、協議離婚が可能であり、日本国内での手続も可能であることから、当事者の離婚意思、離婚後の在留資格予定等も確認し、上記1～3を検討することになります。

（望月彬史）

イ　海外での婚姻

（ア）日本人と日本人

Q11

日本人女性からの相談です。彼女は日本人夫とオーストラリアで出会い、現地の方式で結婚しました。日本の役場にも届出をしています。夫婦は帰国し日本に来て数年生活していましたが、今彼女は離婚を考えています。日本の家庭裁判所で、日本法によって離婚の手続をとることができるのでしょうか。

【解決のポイント】

　この場合、少なくとも婚姻の有効性が認められる以上、多くの場合には日本の離婚事件と変わりません。

A

解説

1．結論

　本ケースでは、少なくとも現地の方式で婚姻し、日本へ届出をしています。この届出は、婚姻を成立させるための戸籍への届出（創設的届出）ではなく、既に有効に成立した婚姻についての届出（報告的届出）です。

　また本ケースでの離婚について適用される法は、日本法です（通則法27条及び25条が適用されて日本法となるとする考え方と、そもそも通則法により日本法を指定するまでもなく、日本法とする考え方があります。しかしながら、いずれにせよ日本法となります。）。

　また、家庭裁判所での手続に関しても、通常の日本の手続と変わらず、婚姻関係の証明も上記の報告的届出のある戸籍書類をもって実務上は足ります。

　オーストラリア法の調査は、日本国内での離婚に関する限りでは、必要性は必ずしも生じないと考えられます。

　なお、オーストラリアは、Ｑ２で述べたとおり、地域によって法律が異なる国です。しかしながら、同国においては、離婚、離婚事件の裁判管轄及びオーストラリア国外で行われた離婚の承認については、連邦法としての婚姻法が適用されます。これらについては、オーストラリア国内のサイトから法文（各裁判所での細則を含みます。）がインターネットで入手可能です（北坂尚洋「オーストラリア離婚裁判のわが国での承認」福岡大學法學論叢54巻1号（2009年））。

2．実務上の問題点について

（1）本ケースでは想定されませんが、日本の家庭裁判所において手続をする場合、仮に、当事者が単に一時的な帰国をしており、夫婦の住民票が国内にない（住所地がオーストラリアにある。）といった場合でも、以下のとおり国際裁判管轄が認められます。

　ア　裁判離婚に関しては、人事訴訟法3条の2第5号（身分関係の双方が日本国籍の場合。同条5号以外の管轄原因も認められることが大半です。）により管轄が認められることになります。

　イ　調停離婚については家事事件手続法3条の13第1項1号（離婚訴訟の国際裁判管轄がある場合。同項1号以外にも認められることが大半です。）により管轄が認められることになります（調停に関しては、合意管轄も可能です（家事事件手続法3条の13第3項）。）。

（2）しかしながら、仮に日本人妻が国内に住民票を有し居住している場合でも、協議離婚以外の離婚の法的手続をとろうとする時点で夫が別居（オーストラリアに居住している場合等。）という状況の場合には、調停については国内の裁判管轄の問題、訴訟については、相手方（被告）への外国送達の問題も生じ得ます。相談時や受任前には、婚姻後の居住実態、帰国時、双方の住民票及び戸籍を確認しておくことが肝要です。

（望月彬史）

（イ）日本人と外国人

Q12

Q11と異なり、相談者の日本人女性がオーストラリア人男性と結婚した場合で、離婚に際しては、何か差異は生じますか。

【解決のポイント】

この場合も、日本での離婚手続につき、準拠法が日本法と判断される場合には、Q11と変わりません。ただし、日本国内での離婚につき、オーストラリアにおいてどのような効力を有することになるのかは、注意が必要です。

A

解説

1．結論

上記で述べたとおり、本ケースでの離婚についても、通常の日本の手続と変わりません。家庭裁判所での手続に関しても、婚姻関係の証明もQ11の報告的届出のある戸籍書類をもって実務上は足ります。

また、本ケースとは異なり、日本国内において、オーストラリアの婚姻につき戸籍への届出がなされていない場合であっても、調停ないし裁判においては、現地での婚姻証明（及びその訳文）を提出し、婚姻の成立を証明することになります。なお、実務上は、婚姻証明があれば多くの場合は婚姻の成立が認められることになりますが、婚姻の有効性（実質的要件及び方式）については、通則法により、判断されることになります。

2．実務上の問題点について

（1）準拠法については、Q11と同様です。

（2）管轄については、Q11と異なり、離婚訴訟であれば、人事訴訟法3条

の2第5号（身分関係の双方が日本国籍の場合）に該当しませんが、夫（被告住所地）が日本国内にある場合や、夫婦が最後の共通の住所（同居先等）を日本国内に有していたとき（人事訴訟法3条の2第1号、6号）に認められます。また、離婚調停については、裁判管轄が認められます。

（3）このケースでは、オーストラリアでの離婚手続も検討されます（破綻主義に立っており、手続も簡易です。この点についても、Q11の解説1に記載した文献が参考になります。）。

　この方法により、オーストラリア（のある州）で離婚した場合には、日本人である元妻は、当該離婚につき戸籍に対し、報告的届出（届出により離婚を成立させる（離婚の創設的届出）のではなく、既に有効に成立した離婚を報告する届出）を行います。オーストラリアでの離婚判決が、民事訴訟法118条を満たしていないことが明らかでない限りは、受理されることになり、日本の身分関係等の手続・名義変更等の手続が容易になります。

（望月彬史）

（2）その他婚姻制度

Q13

法律上の婚姻とは異なる宗教上の婚姻があると聞いたのですが、それはどのようなものですか。

【解決のポイント】

　離婚事件を扱う場合には、当事者の婚姻がどのような国の要件及び方式で締結されたのかを相談の際に確認することになりますが、その際には、当該婚姻が法的（日本の国際私法上）に有効であるか、という点が問題となります。

　この場合に、ある国における婚姻が法的なものであるのか、そうでないかということが問題になることがまれにあります（実務上は多くありません。むしろ、設問としての意義はないのかもしれません。）。宗教的な儀式の挙行であっても法律婚として承認されることがあります。

解説

1．様々な言葉の外延を持つ「宗教婚」

（1）離婚事件の前提としての婚姻

　離婚事件の相談に乗る際、既に述べたとおり、前提としてその婚姻が法的に有効なのかが問題となります。

　日本国内において婚姻の有効性を判断する場合には、日本国内においては①実質的要件については通則法24条1項、②方式については通則法24条2、3項により、どの国・地域の法が適用されるかを決定し、要件を確認することになります。場合によっては、日本では有効な婚姻とされる一方で別の国では婚姻の有効性が否定されたり、外国で有効な婚姻が日本ではその有効性が否定されたりする場合も生じ、これを「跛行的身分関係（跛行婚）」とい

います。我々が日本で離婚を扱う場合には、当事者が日本人であれば戸籍に
外国の方式による婚姻が記載されていますし、外国の婚姻証明があればこの
点は問題とされることがあまりありません。しかしながら、跛行婚、とりわ
け日本での婚姻の有効性が認められない場合には、そもそも日本国内で離婚
する、手続をとる必要があるのかについては、十分に検討する必要がありま
す。

（2）宗教婚について

　婚姻に成否につき、外国法が準拠法として適用される場合には、その準拠
法の内容によって、①実質的要件につき、当該外国法が特定の宗教に基づく
立法をしている場合（人の属する宗教によって法律（本国法）が異なる国・
地域に顕著です。）、②方式につき、儀式を挙行することが要件であり当該儀
式に宗教的な要素が含まれる場合、③歴史的沿革（例えば、ヨーロッパでは
キリスト教の教会が、世俗法と別の法体系（教会法）を形成してきた歴史が
あり、教会法の中には信者の婚姻に関する事項についても定められていま
す。）から、国によっては、国家が世俗化した現在でも、民事婚と別に宗教
婚が併存している場合、等の婚姻があります。

　ですから、一概に宗教婚といっても、法的に定義のあるものではなく、①
ないし③で異なる意味を持つことになりますし（これに限られない。）、ま
た、③については、仮に別個の制度だとしても、法的な婚姻としての効力を
与えられているものもあります。

┃ ２．参考（例としてイタリアの場合）

　ここでは、イタリアの場合を参考までに説明します（この点については、
執筆者によるノート https://note.com/hamamatsu/n/nb04f6a6d4cca もご参
照ください。）。

　イタリアでは、ローマカトリックの総本山はローマ市内にあることもあ
り、ローマ教会の教会婚（宗教婚）も認められています。ただし、上記１で
述べたように、当該宗教婚については、民事婚と同様の効力を与えられます
し、教会婚も民法に定める夫婦の権利義務に従います。

　教会の聖職者は、挙式から5日以内に、婚姻登録（民事婚も登録されます。）を申請することになっています。

　ただし、既に当事者が民事婚を登録している場合や民事婚上の要件を欠く（年齢等）等の場合には、当該宗教婚は民事婚として登録されません。また、教会婚（教会法）における婚姻障害、当事者の同意や挙式の有効性の判断は、宗教裁判所が行います。この宗教裁判所での命令は、イタリアの高等裁判所の裁判官により承認されることとなります（外国での婚姻無効判決の承認と似ています。）。一方、離婚や（法的な）別居等については、宗教裁判所ではなく、一般の民事裁判所がこれを扱います。

（望月彬史）

（3）調査方法

Q14

日本人女性からの離婚相談です。外国人男性と結婚したものの、も
う何か月も前に別居に至っており、所在が不明とのことです。日本
国内にいないかもしれませんが、相手方の所在調査はどのようにすればよい
でしょうか。

【解決のポイント】

日本人と同様の調査方法に加え、出入国記録の確認を要します。

A

解説

1．日本国内の所在調査

日本国内の所在調査としては、まず、職務上請求による住民票の
取得を行います。外国人であっても適法に3か月以上滞在する者については
住民登録を行うこととなっていますので、最新の住民票を取得することで所
在を突き止めることができる場合があります。

しかし、相手方が住民票上の住所地に所在していないこともあります。そ
の場合は、相手方が日本国内にいるかどうかが問題になってきます。相手方
が適法に日本を出国している場合には、入国管理局に出入国記録が残ります
ので、弁護士会照会でこれを取り寄せます。その際の詳しい方法や書式につ
いては、東京弁護士会調査室編『弁護士会照会制度―活用マニュアルと事例
集〈第5版〉』商事法務（2016年）などを参照してください。

相手方の出国記録がない場合、すなわち相手方が日本国内にいる場合に
は、ほかの手掛かりがないかを確認します。例えば元の勤務先に照会をかけ
る、携帯電話会社に電話料金請求書の送付先住所の照会をかけるなどが考え
られます。これらはいずれも弁護士会照会の方法によります。

　こうした方法でも所在がつかめない場合は、警察に捜索願を出したうえで、最終的には公示送達による方法で離婚調停・訴訟等の手続を行うことになります。

2．外国の所在調査

　出国記録があった場合は、当該外国人の実家住所などに郵便を送るという方法もあります。その際には、返事がない場合でも届いたかどうかを確認できる郵便方法を選択してください。

　郵便が到達しない場合には、ここでも公示送達による方法で離婚調停・訴訟手続を行うことになります。

（近藤剛史）

（4）当事者の特定

Q15

外国人を被告として離婚訴訟を提起しようとしているのですが、当
事者の特定はどのようにすればよいでしょうか。

【解決のポイント】

　ここでは、離婚訴訟（人事訴訟）の被告が外国人であり、その特定方
法が問題となっています。①被告外国人が誰であるのかという問題（特
定）と、②どのように訴状に記載するか（表記）について、解説しま
す。

A

解説

1．人事訴訟における外国人当事者の特定

　（1）外国人の当事者については、大きく分けて①氏名、生年月
日、②国籍、③住所欄で特定します。①ないし③は、日本での国際裁判管
轄の有無や準拠法決定にも影響する事情です。

　ただし、③の有無によらない国際裁判管轄原因もありますし、②につい
ては、当事者の国籍国が、地域又は人種・宗教によって法律を異にする国
の場合だとすると（Q2の解説2参照）、通則法により「本国法」が問題
となる場合（離婚については同法27条及び25条、当事者の成人年齢（行為
能力）については4条）、国籍だけでは当事者の本国法が決定できないこ
とになります。

　また、家庭裁判所では、受付段階で上記の点に加えて、被告が日本の訴
訟手続に理解があるのか、言語能力等も確認すべきとされています（加藤
文雄『渉外家事事件整理ノート〈新版〉』新日本法規出版（2008年）9-10
頁）。

（2）上記（1）の①ないし③については、訴状の添付資料（人事訴訟規則
　　13条、民事訴訟規則55条2項）又は証拠で提出する書証等で特定します
　　が、主に以下のような資料によることになります（一例でありこれに限ら
　　れません。）。これらがすべて必要なわけではありませんし、1つで足りる
　　場合が多いですが、準備ができる資料はそろえておくべきです。

　ア　氏名

　　　戸籍謄本（日本人と外国人が婚姻している場合）、出生証明書、在留
　　カード（永住者証明書を含む。）、（国内に住所を有している場合）住民
　　票、婚姻証明書、旅券の写し等で特定します。訴状での当事者の氏名の
　　表記については、2で説明します。

　イ　国籍及び住所

　　　戸籍謄本、在留カード、住民票（ただし、これらは、本国で国籍取得
　　手続がなされていないにもかかわらず、ある本国の国籍が記載されてい
　　る場合がまれにあることから、注意が必要です。）、旅券の写し、在留
　　カード、国籍証明書、居住証明書、大使館作成の各種証明書等、日本で
　　の納税証明書等で特定します。外国人登録原票のある時代のものについ
　　ては、（当時の）当事者の外国での住所が記載されている場合がありま
　　す。

2．訴状における氏名の表記

　旅券や日本国内住民票、戸籍、在留カード等の記載によっては、外国人の
氏名の表記や順序が異なる場合があります。この場合には、当該外国の発行
した証明書等に記載のある氏名によるべきです。ただし、判決後戸籍等に変
動がある場合には、戸籍や住民票の表記で行うことも考えられます。

　そして、裁判では日本語を用いる必要があることから（裁判所法74条）、
上記氏名を日本語（カタカナ）で記載することになります。ただし、当該外
国語の氏名の表記（アルファベット等）を併記することが、外国送達等の便
宜から望ましいとされています（司法研修所編『渉外家事・人事訴訟事件の
審理に関する研究』法曹会（2010年）39-40頁）。

3．その他

　この点については、添付の訴状書式（当事者欄）を参照してください。

《訴状例1》
　原告は住民票上の住所と現在の住所が異なり、被告は住所が不明（公示送達）で在留資格も不明だが、国内から出国していない場合（被告住所地が日本にある場合）の、当事者目録を作らない形での当事者記載例

訴　　状

令和　　年　　月　　日

○○家庭裁判所△△支部　御中

　　　　　　　　　原告訴訟代理人弁護士　　　○　○　　　○　○　㊞

　　　国　　籍　　　　○○○共和国
　　　住　　所　　　　　市　　区…町…番地の1
　　　住民票上の住所　　〒○○○－○○○○
　　　　　　　　　　　　　市　　区…丁目…番…号
　　　　　　　　　　　　△△□□号室
　　　在留カードの番号　▽▽○○○○○○○○□□
　　　　　　　　　　　原　　告　　アアア　イイイ　ウウウ
　　　　　　　　　　　　　（AAA　III　UUU）
　　　　　　　　　　　　〒○○○－○○○○
　　　　　　　　　　　　　市　　区…丁目…番…号　○○○○　○階
　　　　　　　　　　　□□□□□法律事務所（送達場所）
　　　　　　　　　　　原告訴訟代理人弁護士　　　○　○　　○　○
　　　　　　　　　　　電　話○○○－○○○－○○○○
　　　　　　　　　　　ＦＡＸ○○○－○○○－○○○○

　　　国　　籍　　　　○○○○○○連邦共和国
　　　住　　所　　　　不明
　　（判明している最後の住民票上の住所）
　　　　　　　　　　　　〒○○○－○○○○
　　　　　　　　　　　　　市　　区……番…号
　　　在留カードの番号　不明
　　　　　　　　　　　（ただし，仮滞在許可書番号　東○○－△△△△△△）
　　在留資格　　　　　不明（ただし，平成　　年　　月　　日までは，…）
　　パスポート番号　　○○□□□□□□□(有効期限令和　　年　　月　　日)
　　　　　　　　　　　被　　告　　エエエ　オオオオ
　　　　　　　　　　　　（EEE　OOOO）

　離婚等請求事件
　訴訟物の価額　　金160万円
　貼用印紙額　　　金1万3000円

53

《訴状例2》
　原告被告ともに国内に住所を有し国籍が異なる者であり、被告は永住者であり住民票上の通称を別途有している場合

<table>
<tr><td colspan="3" align="center">訴　　　状</td></tr>
</table>

　　　　　　　　　　　　　　　　訴　　　　状

　　　　　　　　　　　　　　　　　　　令和　年　月　日

○○家庭裁判所△△支部　御中

　　　　　　　　　　原告訴訟代理人弁護士　　　○　　○　　○　　○　　㊞

　　国　　籍　　　○○○○○○王国
　　住　　所　　　〒○○○－○○○○
　　　　　　　　　　市　　区…町…番地　△△△　○○号室
　　原　　告　　　　カカカ　キキ　ククク
　　　　　　　　　（KAKAKA KIKI KUKUKUKU）
　　　　　　　　　〒○○○－○○○○
　　　　　　　　　　市　　区…丁目…番…号　○○○○　○階
　　□□□□□法律事務所（送達場所）
　　原告訴訟代理人弁護士　　　○　　○　　　○　　○
　　電　話○○○－○○○－○○○○
　　ＦＡＸ○○○－○○○－○○○○

　　国　　籍　　　○○○○共和国
　　住　　所　　　〒○○○－○○○○
　　　　　　　　　　市　　区………町…番地の…
　　被　　告　　　　ケケケ　　ココココ
　　　　　　　　　（KEKEKE KOCOKOCOCO）
　　　　　　　　　（住民票上の通称名　佐藤　ケケケ）

離婚請求事件
訴訟物の価額　　金160万円
貼用印紙額　　　金1万3000円

　　　　　　　　　　　　　　　　　　　　　　　　　（望月彬史）

（5）外国にある資産の調査方法と権利の行使方法

Q 16

外国にある不動産や金融資産などの財産が問題となる事件では、どのようにしてその資産が実在していることや、所在、資産に対する権利関係を調査すればよいのでしょうか。また、事案の解決に当たって、判決や合意に基づいて名義を変えるなど権利を実現するためには、どのような方法をとればよいのでしょうか。

【解決のポイント】

　解決の難しい問題です。資産の実在や権利関係を把握するための方法は、国や地域によって多種多様です。その国や地域特有の問題ですので、日本の弁護士と依頼者だけで解決できる問題ではなく、それぞれの地域に応じた専門家に相談・依頼することが必要になります。しかし、特に一般的な民事・家事事件では、そのコストが全体の解決との関係で経済的に合理的なものなのかといった問題が生じますし、実際に不明な場合でも事件処理を行うケースもあります。

A

解説

１．外国にある資産の所在や権利関係の確認方法

　これは極めて難しい問題です。「この国の動産については……」、「この国の不動産については……」と個別網羅的に書くことも難しいです。また、不動産の権利関係が日本のように登記によって公示されている国もありますが、必ずしもそういった国ばかりではありません。

（１）当事者の把握している範囲を確認する

　まず、相談者が問題となる財産につきどのような関係にあるのか（取引当事者なのか、所有者なのか、権利関係を有するものなのか、それらの者と一

定の身分関係を有する個人なのか。）ということを把握し、そのような類型に通常あり得る資料の有無を確認することになります。特に遺言で指定された財産は、その存在の可能性が十分に想定されます。

（2）（1）に関係する書類を確認し、さらに手掛かりがないか探る

契約書や証書類だけではなく、郵便物やインターネットのログ等で、資産に関するサイトにアクセスしたか否かを確認できるのであれば行うよう（とりわけ、相続事案等では）当事者又は関係者に依頼します。また、ある資産が存在すると見込まれる場合には、問い合わせが可能であるかも確認することになります。これらの中には、オンラインでの照会手続が可能なものもありますので、1つひとつの想定される資産内容につき、調査を行うことも重要です。

（3）現地専門家への依頼

現地の専門家、エージェント等に依頼する方法も考えられます。ただし、専門家等に対して、ある特定の金融機関の資産やある地域の不動産の有無という形で（上記（1）及び（2）を踏まえて）調査を依頼するのであれば、あとは費用対効果の問題となります。そういった手掛かりすらない場合には、そもそもの調査の要否・可否という問題が生じますし、何も得られないことが容易に予想されます。その場合には、現在判明している財産のみの解決を図ることも検討されます。

2．様々な国や地域に関する調査や権利の実現のために相談できる専門家の探し方

遺言に基づく在外財産の換価手続等や、国内でなされた相続手続に基づき国外での処理等をしなければならない場合などが特に当てはまりますが、当該国や地域の弁護士に相談できるのが望ましいと考えられます。

相談できる専門家の探し方としては、外国人ローヤリングネットワーク等のメーリングリストにおいて探すことや、当該国の外国法事務取扱弁護士が所属している日本国内の事務所に尋ねる、米国等のロースクールのLLMに留学した経験のある弁護士からLLM時代の同級生で当該国の資格を持って

いる弁護士を紹介してもらう等があります（筆者の経験では、ＬＬＭのための留学に限らず、現地駐在の日本人弁護士や、国内の大学に日本法を学びに来ている省庁派遣の留学生にもリーチアウトすることもあります。）。

3．不明な場合の処理例

　相続事案では、清算条項を設けずに、特定の財産に関する合意という形で遺産分割協議（調停・審判）を行い、別途の財産については、発覚した時点で、改めて合意を行うという暫定的な解決を図る場合もあります。

（兒玉浩生・望月彬史）

（6）子ども

ア　国籍の取扱い

Q 17

日本人と外国人との間に最近生まれた子どもの国籍は、どのように
なりますか。国籍決定のために必要な手続等があれば教えてくださ
い。また、日本に滞在する外国人同士から生まれた子どもが日本国籍を取得
することはできますか。

【解決のポイント】

　国籍に関するルールや父母と生まれた子との関係を前提に、日本国籍
を含む国籍取得について検討します。基本的には、婚姻している父母の
一方が日本人であれば日本国籍を取得することができます。また、外国
人同士の親から生まれた子については、日本国籍を生来的に取得するこ
とは困難ですので、日本国籍を取得する手続が必要になります。

A

解説

1．国籍についての考え方

　（1）誰がどの国の国籍を取得するかについては、その国が批准し
た条約等がない限り、当該国の国籍法（「国籍」のほか「市民権」という
名称の場合もあります。）によることになります。また、各国の国籍法
は、歴史的沿革により差異があります。かつて封建的属地主義をとってい
た英国が生地主義（生まれた場所により国籍の取得の可否が決定される。）
を採用している反面、ローマ法の流れを汲むヨーロッパ諸国においては血
統主義（血縁で国籍の取得の可否が決定される。）の建前が採用されてい
ます（江川英文ほか『国際私法総論、国籍法』有斐閣（1973年）8-9
頁）。また、両主義は二者択一ではなく、人口政策によっても各主義をど

のように立法政策に反映するかが異なります（例えば、移民国家で人口の確保が政策上の課題であれば生地主義がより重視されます。）。

（2）このような各国の国籍法の差異の結果、ある人が複数の国籍を持ったり（重国籍）、また国籍がなかったりする（無国籍）事態も生じます。また、旧来、国籍は各人に1つであることが望ましいとする考え方（国籍唯一の原則）があり、各国の国籍法においてこれに基づく立法政策がなされていました（日本の国籍法における、自ら外国籍を選択することによる国籍喪失（国籍法11条）国籍留保の届出（国籍法12条）も同原則に基づくものです。）。しかし、現代においては、経済と同様に人のグローバル化が進み、同原則とは異なる立法政策（重国籍が生じることを問題としない。）を採用する国もあります。

（3）各国の国籍法については、Q2の解説3（4）において参考文献として挙げた、木村三男監修『渉外戸籍のための各国法律と要件（I～VI）〈全訂新版〉』日本加除出版（2015-2017年）が大半の国の国籍法につき日本語訳及び解説しております。戸籍吏向けの本ですが、国籍法に関する点については我々の実務にも有用です。

┃ 2．日本人と外国人との間に生まれた子の国籍

（1）日本国籍の取得

　日本の国籍法は血統主義を採用しており、以下の場合には子は出生により日本国籍を取得します（国籍法2条）。

　　ア　出生の時に父又は母が日本国民であるとき

　　イ　出生前に死亡した父が死亡の時に日本国民であったとき

　　ウ　日本で生まれ、父母がともに不明のとき、又は無国籍のとき

　この場合において、出生が日本国内であれば特段の手続は不要ですし、上記アの場合、出生届を日本国内で行えば日本人の戸籍に入ることになりますので問題がないことが多いです。しかし、上記アにおける「父又は母」というためには、子の出生時点で父又は母と子との間に法律上の親子関係（嫡出・非嫡出親子関係）が存在することが必要です。

親子関係の存否についてどのような国・地域の法律が適用されるか（準拠法）については、通則法28条以下により決定します。準拠法が日本法の場合であれば、父が母と婚姻中に出生している場合（さらに、この婚姻の有効性についても準拠法に基づき決定されます。）や母が日本人である場合等には、出生により日本国籍が取得されます。

また、日本で出生し、子が出生により日本国籍を取得する場合で、外国の国籍法においてもその子が外国籍を取得し得ることがあります。この場合に、当該外国の国籍法に基づく外国（領事館等）の手続が必要か否かについては、当該外国の法律によることになります。

（2）国籍留保の届出

日本国外で出生した日本人と外国人との間に生まれた子どもについても、日本国籍を取得する場合は上記（1）のとおりです。

ただし、国外で子が出生した場合であり、当該出生によって日本国籍と外国籍も取得したとき（例えば、日本人とカナダ人の夫婦の子が生地主義を採用する米国内にて出生した場合）は、出生の日から3か月以内に、出生の届出とともに日本国籍を留保する意思表示（国籍留保の届出）をしなければ、その子は、出生の時にさかのぼって日本国籍を失うこととされています（国籍法12条、戸籍法104条）。

注意したいのは、日本人外国人の日本国外での出生に限らず、日本人同士の夫婦が外国で子を出生し、その国の国籍法が生地主義を採用するために二重国籍となったものの、諸事情で3か月以内に国籍留保の届出を行わなかった場合です。この場合、3か月以内に届出を行えないやむを得ない事情（失念や多忙では認められない可能性が高いです。）がない限り、国籍を取得するには、法務大臣に届け出ることによって、日本国籍を再取得することになります。そしてこの場合の届出には、要件として「日本に住所を有すること」という点も存在します。この「住所」とは、住民票の設定のみでなく、子の居住実態も考慮されます。日本人夫婦が海外で生活して就労しており、日本に帰国する予定がないような夫婦のケースには、子の日本国籍のためだけに、子について日本で居住させる必要があるという不都合を生じかねませ

ん。

（3）出生で国籍を取得できない場合

日本に滞在する外国人同士から生まれた子どもについては、日本の国籍法
上生地主義を採用していないため、出生により日本国籍は取得できないこと
になります。

父又は母と同じ国籍を取得できるか、その場合の手続はそれぞれの国の国
籍法で判断します。まれに、子がある外国法上の手続が完了しておらず、当
該外国籍を有していないにもかかわらず、日本の在留カードの国籍欄に当該
外国が記載されているケースがあります（そのような場合には、子どもの本
国法の特定の場面で問題を生じかねません。）。

なお、外国国籍者の日本国籍取得方法としては帰化がありますが（国籍法
4条以下）、父母が外国人のケースの場合には容易になされない可能性が高
いです。

3．その他（参考）

本ケースと同様の、相談を受ける前には、法務省の国籍に関するＱ＆Ａ[1]
のページ、帰化の具体的な手続必要書類については、外国人ローヤリング
ネットワーク編『外国人事件ビギナーズ』現代人文社（2013年）282-283頁）
等が参考になります。

（望月彬史）

1　http://www.moj.go.jp/MINJI/minji78.html#a04

イ　在留資格の取扱い

Q18

日本に滞在する外国人同士の夫婦から生まれた子どもは、どのような在留資格になるのでしょうか。また、いつ、誰が在留資格申請をすればよいのでしょうか。

【解決のポイント】

　出生した子の在留資格に関しては、日本のルールに従い、これを行うことになります。以下、①在留資格、②申請について説明します。

A

解説

1．在留資格について

（1）外国人の夫婦の子が日本国内で出生しても、その子は出生により日本国籍を取得しません（Q17参照）。したがって、外国の国籍法に基づき、その子が外国籍を取得することになるケースが大半です（また、父母の国籍法によっても無国籍になるケースはまれです。）。

　出生した子が外国籍となる場合、日本での在留については、在留資格が必要になります。そして、子が出生した時点では、当人である子は、当然在留資格の申請がなされているわけではないことから、「在留資格がない」状態になります。

（2）したがって、出生後に在留資格の申請をすることになります（以下2で述べます。）。それと別に、申請の前に、父又は母は、外国人夫婦であっても、①子どもの出生地又は、②父母の所在地を管轄する市町村の戸籍に対し、14日以内に出生届を提出する必要があります（そして、後述する申請のために、出生届の受理証明も取得するようアドバイスすべきです。）。出生届の際に、出産した医療機関で発行される出生証明書以外の必要な書

類は、各市町村のホームページを参考にするとよいでしょう。

　また、出生後、父母の国籍国の国籍法上、子に当該外国籍が認められる場合（認められる事例がほとんどです。）、当該国領事館等において、パスポート等の取得、国籍取得に手続がいる法制の場合にはその手続を行います。

2．在留資格の申請について

（1）次に在留資格です。既に述べたとおり、出生届を戸籍吏に提出すると（戸籍は外国人ですから作成されませんが）、出生した子どもについて外国人住民票が作成されます。しかし、子の出生後60日以降も出国せず、日本にいる場合には在留資格が必要です（そうでないと、上記で述べた住民票登録が抹消されることになり、公的サービスが得られなくなります。）。

（2）父母が特別永住者の資格を持っている場合には60日以内に、特別永住者の資格以外の在留資格である場合には、30日以内に、父母の所在地を管轄する入国管理局に在留資格申請を行うことになります（このとき、子のパスポートの取得が間に合わなくても、取得申請中であれば、入国管理局への在留資格の申請は可能です。）。父又は母が申請する場合、申請自体には費用は生じませんが、入国管理局に取次業務を行うことを届け出た弁護士・行政書士に申請書類の作成を依頼する場合には、その費用が生じることになります。

（3）子に付与される在留資格は、親の在留資格に応じて変わります（これは、相談時に確認するとよいです。在留カードで容易に確認できます。）。例えば、父又は母が永住者の資格を有している場合には「永住者の配偶者等」の資格となりますし、父母が定住者であれば「定住者」、父母が就労に関する在留資格で滞在中に出生した子であれば、「家族滞在」ということになります。

（4）本ケースのような相談を受ける場合には、父母の在留資格や所在地（住民票のある市町村）を確認し、当該市町村の出生届の案内につきホームページ等で確認できる場合にはそれを確認のうえ、回答することになります。

（望月彬史）

ウ 日本で得られる外国人の子どもの社会福祉

Q19

日本で出産する予定の外国人女性からの相談です。外国人の妊婦であっても母子健康手帳はもらえるのでしょうか。また、自治体の母子保健サービスのうち、外国人の母子でも利用できるものがあれば教えてください。

【解決のポイント】

外国人であることのみを理由として受けることのできない社会保障制度はありませんが、各制度によって利用要件が異なるため、要件を確認する必要があります。

A 解説

1. 母子健康手帳

日本では、母子保健法に基づき各自治体が母子保健サービスを実施しています。母子健康手帳は、そのための手引きであり、また、母子の一貫した健康記録となるものです。各自治体は妊娠の届出をした者に対し、母子健康手帳を交付します。

母子健康法には、国籍要件がなく、妊娠の届出をした外国人に対しても交付されます。なお、母子健康手帳は基本的には日本語表記ですが、一部の自治体では外国語の母子健康手帳も交付しています。

2. 母子保健サービス

法定の母子保健サービスとしては、保健指導、訪問指導、1歳6か月健診、3歳児健診、妊産婦及び乳幼児健診があります。外国人であってもこれらを受けることができます。なお、在留カードを持たない外国人は、母子健

康手帳に付属する受診券が交付されない自治体もあるので、注意が必要です。受診券がないと、一部の自治体における妊産婦及び乳幼児健診では費用の自己負担が生じることになります。

そのほかの保健指導等は無料ですが、在留資格のない外国人は自治体から把握されないままサービスを受けられないことがあります。

3．未熟児に関する養育医療

養育医療とは、未熟児の養育のために医療給付を行う制度です。これも母子保健法に定める制度ですが、前記のとおり母子保健法には国籍要件がないため、外国人でも制度を利用することができます。

4．児童手当（子ども手当）は受けられるか

児童手当は、日本国内に住所を有し中学校卒業までの子どもを養育している者に支給されます。その根拠法となる児童手当法には国籍要件がないため、外国人でも受給することができます。

ただし、支給の認定を住所地の市町村長が行うこととの関係で、住所地は住民基本台帳によるとされています。外国人の場合には、在留カードか特別永住者証明書が必要になります（「児童手当法における外国人に係る事務の取扱いについて」平成24年6月13日雇児発0613第1号厚生労働省雇用均等・児童家庭局長通知）。

なお、「日本国内に住所を有するもの」という要件があるため、原則として、海外の子どもには児童手当は支給されません。ただし、例えば当該子どもが3年以内の海外留学に行く場合などは、留学期間中も支給対象となります（児童手当法3条1項、「児童手当法の一部を改正する法律等の施行について」平成24年3月31日雇児発0331第1号厚生労働省雇用均等・児童家庭局長通知）。

本件では、原則として以上の各制度を利用することができます。

（近藤剛史）

エ　ハーグ条約が適用される紛争

Q20

相談者は日本人男性で、外国人と日本で結婚後、子どもが日本で生まれ、子の出生後も、日本で一緒に生活していました。子どもは日本国籍を留保しているようです。ところが、先月相談者の妻と子が勝手に帰国してしまい、子どもが帰ってこない状況です。このようなとき、子の連れ去りに関して、いわゆるハーグ条約が問題になるのでしょうか。

【解決のポイント】

　日本が2013年に批准した、いわゆる子の連れ去りに関するハーグ条約について、①その制度の概要、②弁護士が関与できる手続について、簡単に解説したいと思います。

A

解説

1．子の連れ去りに関するハーグ条約について

　（1）「ハーグ条約」という名前の条約は数多くありますが、ここではいわゆる国際的な子の連れ去りに関するハーグ条約について説明します。この条約は、正式には、「国際的な子の奪取の民事上の側面に関する条約」（以下「ハーグ条約」といいます。）のことを指します。ハーグ条約という名称となっているのは、この条約が、ハーグ国際私法会議において作成・採択されたからです。2019年10月現在、締約国は欧米を中心に101か国あります。

　（2）国際結婚の増加に伴い、結婚中、離婚後にかかわらず、一方の親が他方の親の同意を得ることなく、子を自分の母国へ連れ出して他方の親に面会させないという「子の連れ去り」が問題視されるようになっています。

　　特に、外国人からすると、子を父又は母の一方により、同人の母国であ

る日本に連れ去られ、外国にいる他方が引渡しを求める場合、日本の家庭
裁判所の手続によることになり、手続の利用の困難さがハードルになりま
す。さらに家庭裁判所での手続も、監護権審判等では監護権の準拠法が日
本法になると子の環境の継続性等から引渡しが認められない、認められた
としても日本における執行も十分でない（この点については、一部改正さ
れます。）という問題点もあります。

　なお、離婚の有無にかかわらず、共同親権（監護権）を採用する法制の
国には、監護権者の同意を得ない連れ去りにつき、犯罪とする国もありま
す。

　このような場合に、不法な（監護権を侵害するような）子の連れ去りに
つき、子の迅速な返還を実現するとともに、子の引渡しや面会交流につい
て規定をし、相互に国際協力をする仕組みを定めているのが、ハーグ条約
です。

（3）ハーグ条約では、一方の親の監護の権利を侵害するような形で子を不
法に連れ去った場合は子を元の居住国（常居所地）に返還しなくてはなら
ないという原則がとられています。ただし、ここで注意するのは、あくま
でも元の国に速やかに子どもを戻すことがハーグ条約の役割であり、この
条約の手続においては、親の監護権の帰すうや、監護の内容を取り決める
わけではありません。つまり、返還後に、元の国で監護権紛争につき終局
的解決を図るのであり、その手続はハーグ条約ではなく各国の法制に委ね
られています。

　司法手続に限らず、各締約国の「中央当局」（日本では外務省ですが、
国によっては司法省や法務省のところもあります。）による子の返還や親
子の面会交流のための援助の手続もあります。

（4）日本は、2013年にハーグ条約の締結が承認され、これに伴う国内法で
ある「国際的な子の奪取の民事上の側面に関する条約の実施に関する法
律」（「実施法」と略称されることが多くあります。）が成立しました。日
本国内では、条約は2014年4月に発効しています。

　実施法では、日本の家庭裁判所における子の返還等に関する手続等が設

けられ、条約に基づき、子が日本国内に不法に連れ去られてくる前に常居所を有していた国に子を返還するか否かを決定するため、必要な裁判手続（子の返還手続等）が定められています。また、中央当局である外務省の役割等も規定されています。

（5）ハーグ条約に関する解説は、多くの参考となる書籍が発行されていますので、それらを参照してください。また、日弁連では、ハーグ条約対応弁護士の登録（一定の要件があります。）制度があり、同条約に対応できる弁護士が登録されています。また、会員サイトにおいて同条約の研修も受講できます。多くの弁護士会でハーグ条約に関する事件に対応する委員会等が設置されていますので、これに所属している弁護士に相談することも有益です。

2．関与手続等について

（1）ハーグ条約に基づく手続に弁護士が関与する形としては、大きく分けて以下のものが考えられます（ただし、これらに限られません。）。

　ア　中央当局である外務省の援助申請の代理人

　イ　実施法に基づく家庭裁判所（東京・大阪のみに管轄が認められます。）での手続代理人

　ウ　イの場合の裁判外紛争手続における代理人

　エ　海外での返還手続を求める場合の現地代理人や中央当局との折衝

（2）まず、中央当局である外務省の援助申請です。例えば、①ある国から子を日本に連れ去られた親（Left Behind Parent（LBP）、逆に、連れ去った親を Taking Parent（TP）といいます。）や、②日本から海外に連れ去られてしまった親（LBP）が、ハーグ条約に基づき、中央当局である外務省に返還や面会交流の援助申請を行う場合、援助申請書の作成が必要です。この作成には、弁護士の関与が予定されています。詳しくは、ハーグ条約室のサイト[1]を参照してください。

　この際、援助の要件として、最も重要なのが、「常居所地」の国の法律により申込者の監護権が侵害されていることです。援助申請においても、

この点について、条文等をもって示さなければなりません。例えば、②の場合には、日本が常居所地の場合がほとんどですから、通則法32条により、親子関係に適用される法律が決まります。そして準拠法が日本法の場合には、日本法上の親権・監護権の侵害があるか否かという問題になりますが、準拠法が外国法になる場合には、当該外国法に基づいて、監護権が侵害されていることを記載する必要があります。

また、相談を受けた弁護士が受任しない場合でも、ハーグ条約室から援助申請の相談を受ける弁護士の紹介がなされる場合もあります（外務省から委託を受けた弁護士の場合、援助申請書の作成・相談が無料になる場合もあります（2019年現在）。）。

中央当局である外務省の援助決定がなされると、①の事案では子の所在の特定や、話し合いでの解決の促進、弁護士会が設ける裁判外紛争解決手続機関の利用支援等につき、日本国内で外務省が働きかけを行います。②の事案では、他国の中央当局への情報提供、援助申請に関する手続を行うことができます。

（3）次に、日本国内での、ハーグ条約及び実施法に基づく、家庭裁判所における子の返還や面会交流手続の代理人についてです。これは、LBP、TP、国内にいる方か国外にいる方か、国籍を問わず、弁護士が当事者の代理人となることが考えられます。また、上記（2）の援助申請とは別に（又は同時並行で）手続を行うことになります。具体的な手続方法、実体的要件は、既に述べたとおり、関連する書籍や日弁連研修サイト等でご確認ください。

（兒玉浩生・望月彬史）

1　https://www.mofa.go.jp/mofaj/ca/ha/page23_002074.html

（7）社会保険等
ア　離婚後に日本に在留する外国人の社会保障

Q21

外国人からの相談です。相談者は、日本人と婚姻して長らく日本で生活し、子どもも生まれましたが、最近離婚しました。子どもを抱えて生活が苦しくなるのですが、生活保護を受けることはできるでしょうか。また、母子（父子）世帯になるので、児童扶養手当は受けられるでしょうか。

【解決のポイント】

原則として、単に外国人であるというだけの理由で社会保障が受けられなくなることはありません。しかし、各制度によって在留資格の種類などの利用要件が異なりますので、その点の確認が必要となります。

A
解説
1．外国人の生活保護受給

生活保護法によると、保護を受ける主体は「国民」（生活保護法2条）と規定されており、条文上外国人が排除されています。たとえ永住外国人であっても「国民」には含まれないという最高裁判決もあります（最判平成26・7・18訟務月報61巻2号356頁〔28223413〕）。

しかし、日本政府は「生活に困窮する外国人に対する生活保護の措置について」（昭和29年5月8日社発第382号厚生省社会局長通知）により、生活保護に関して、外国人に対しても日本人に準じた取扱いをしています。ただし、すべての外国人に対してではなく、「適法に日本に在留し、活動に制限を受けない永住、定住等の在留資格を有する外国人」に限定されています。具体的には、①入管法別表第2の在留資格を有する者、②日本国との平和条

約に基づき日本の国籍を離脱した者等の出入国管理に関する特例法（通称「入管特例法」）による特別永住者、③認定難民のいずれかであることを要します。

　なお、要件に該当する外国人に対する給付内容は、日本人と同水準です。

　本ケースでは、相談者の在留資格を確認することが重要になります。日本人と婚姻して長らく日本で生活しており、日本人との間に子どももいるようなので、相談者は永住者又は定住者としての在留資格を受けることができそうです。婚姻中は「日本人の配偶者等」の在留資格と思われますが、婚姻後は変更することになります。

　永住者、定住者のいずれも入管法別表第2の在留資格であるため、在留資格の変更とともに、相談者は生活保護を受給することができます。

2．児童扶養手当

　日本には、離婚後のいわゆる母子（父子）家庭に対する福祉制度として、児童扶養手当という制度があります。児童扶養手当法には国籍要件はないため、外国人の親でも受給することができます。

　ただし、児童扶養手当は、日本に住所を有する外国人に支給されるところ、住所地の確定のために在留カードあるいは特別永住者証明書があることが必要になります（「児童扶養手当における外国人に係る事務の取扱いについて」平成24年6月21日雇児福発0621第1号厚生労働省雇用均等・児童家庭局家庭福祉課長通知）。

　本ケースでも、相談者は在留カードを用いて、児童扶養手当の申請をすることができます。

（近藤剛史）

（8）届出

ア　協議離婚届出

Q22

私（日本人）は、現在日本に居住しており、外国人の妻がおります。協議離婚するにはどのようにすればよいのでしょうか。とりあえず、離婚届を日本の役所に出せばよいのでしょうか。

【解決のポイント】

　日本において離婚を行う場合、どのような国・地域のルール（準拠法）が適用されるかについては、Q9で検討したとおりです。また、日本で離婚手続を行う場合、離婚の方式は日本法ですので、協議離婚により離婚することになります。

　ただし、離婚（の要件）の準拠法が外国法となり、当該外国法では協議離婚を認めていない場合には戸籍に届け出ても受理されません。ここでは、戸籍への届出の可否、手続の点について説明します。

A

解説

1．離婚に際し適用されるルールについて

　これについては、Q9で述べたとおりです。再度まとめると、以下のようになります。

（1）離婚原因、離婚の方法（協議離婚なのか否か、裁判所等の離婚する機関等）→「離婚」の問題として通則法27条及び25条により決定

（2）離婚の準拠法によって定められた方法をどのような手続で行うか→身分行為の「方式」の問題として通則法34条により決定（上記（1）で決まる準拠法か、離婚の行為地の法（本ケースでは日本法））

　日本の方式によって協議離婚を行う場合には、離婚準拠法（上記（1））

が協議離婚を認めているかが問題となります。

２．戸籍実務での当事者の本国法の特定

（１）戸籍においては、裁判所のように、事実を認定し準拠法を個々に特定することができません（実質的審査が組織上も困難です。）。そこで、戸籍については、離婚の準拠法を決定するため、通則法27条及び25条の適用に際して問題となる、

　ア　当事者の本国法の認定

　イ　常居所地法の認定

　ウ　最密接関係地法の認定

を画一的な戸籍実務によって判断しています（具体的な戸籍実務の内容については、佐藤やよひ＝道垣内正人編『渉外戸籍法リステイトメント』日本加除出版（2007年）等を参照し、確認してください。ここでは、通常想定されるケースにつき問題となる判断基準の一部を説明します。）。

　　なお、本ケースと異なり、裁判手続の場合には、このような戸籍実務に認定は拘束されません。

（２）当事者が本国法については、日本人であるか否かについては戸籍で認定し、外国人については当該外国の国籍を証明するもので認定します（これは、パスポートでも構いません。）。外国の当事者が重国籍の場合には、複数の国籍のうち、日本が含まれていれば日本法、そうでなければ、常居所を有する国の法が本国法となります（通則法38条１項、日本の国籍がない重国籍者のケースでは、当事者が日本に居住している場合、常居所を有する国籍国がないことになります。）。居住証明書がない場合には、申述書でどの国籍が当事者により密接な国であるか検討し、本国法を判断します。

（３）常居所の認定については、日本人の場合には原則として住民票の写し（例外として海外に長期滞在している等）等で認定します。外国人の場合には在留資格で判断します。入管法別表第１（米軍軍属や外交、公用、短期滞在は除きます。）の在留資格者については５年間の在留の有無で判断

します。同法別表第２の在留資格者については、在留資格ごとで異なります（例えば永住者、日本人の配偶者等は１年間の在留をもって判断します。）。

（４）夫婦それぞれについて決定した本国法が異なり、かつ、夫婦の常居所地が日本にない場合には最密接関係地法が適用されることになります。この認定については婚姻が日本で成立し、離婚（届出）の間日本に夫婦が居住していた場合等に再密接関係地が認定されます。

（５）以上の方法で、通則法27条及び25条に基づき、離婚に関する準拠法を決定します。

　　　ただし、通則法27条ただし書においては、夫婦の一方は日本に常居所を有する日本人であれば、日本法による旨を規定していますし、夫婦の本国法が異なっても、共通の常居所地が日本であれば日本法となります。

　　　本ケースのような事例では、離婚準拠法が日本法になることがほとんどです（そうでない場合は、後記３にて述べます。）。したがって、このような場合には協議離婚が可能です。ただし、この協議離婚が（元）夫婦の国籍国でどのような効力を有するかは別の問題です（Q10参照）。届出に際しての書類は、本人確認関係書類のほか、日本人が日本に常居所を有する場合には、住民票の写しで足ります。

｜３．離婚準拠法が外国法になる場合について（参考）

（１）同じ国籍の外国人同士の場合などには、離婚準拠法が外国法となります。この場合、日本国内で、協議離婚を届け出る方法で離婚するには、離婚準拠法が協議離婚を認めていること及びその証明書（「法例の一部を改正する法律の施行に伴う戸籍事務の取扱いについて」平成元年10月２日民二第3900号民事局長通達）が必要です（中国についてはQ10にて述べたとおり、不要です。また、離婚準拠法が台湾法、韓国法の場合も同様に不要です。）。

（２）また、離婚準拠法が協議離婚を認めていない場合には、協議離婚届は受理されません（離婚準拠法がブラジル法の場合に不受理とした先例とし

て、平成 6 年 2 月25日民二第1289号民事局長回答）。

4．離婚届不受理申出制度について

（1）本ケースで述べたとおり、日本国内において、①離婚準拠法が日本法
となる場合や、②離婚準拠法とされた外国法が協議離婚を認める場合に
は、協議離婚届を提出する方法で離婚することが可能です。

　しかしながら、近時、日本語の協議離婚届の内容を十分理解しない外国
人配偶者に嘘の説明を行い、外国人配偶者に協議離婚届の署名欄に署名さ
せたり、署名を偽造したりして、日本人配偶者が、他方が離婚の意思がな
いにもかかわらず勝手に協議離婚届を提出してしまうといった問題が生じ
ています。このような問題は、日本語の理解が十分でないことや、多くの
外国人の母国では、離婚には裁判や公的機関の一定の手続関与がなされる
ものであることから、日本のような協議離婚制度自体を知らず、又は、書
面に署名しただけで離婚できるわけではないという認識をもっていること
が背景事情として存在するものと考えられます。

　本人の意思に反し協議離婚届が提出されてしまうと、離婚を争う外国人
の配偶者は、協議離婚無効の調停を相手方（日本人配偶者）の住所地を管
轄する家庭裁判所に申し立てる方法をとることになります。そして、同調
停において、当事者が合意すれば、家庭裁判所は必要な調査のうえ、家事
事件手続法277条により合意に相当する審判を下すことになります。

　しかしながら、勝手に離婚届を提出するようなケースでは、協議離婚無
効とする当事者合意形成は困難な場合がほとんどであると考えられます。
さらに、同審判ができない場合には協議離婚無効確認訴訟を提起すること
になりますが、外国人の方にはこれらの家庭裁判所での手続の負担（弁護
士への依頼も含む。）は大きいものになります。さらに、ほかのQでも取
り上げたとおり、「日本人の配偶者等」在留資格にも影響が出る問題です。

（2）そこで、夫婦間で離婚について争いがあり、協議離婚届が知らない間
に提出されるおそれがある場合に、あらかじめ協議離婚届を受理しない旨
の申出をする方法（離婚届不受理申出）をしておくことが考えられます

（「離婚届等不受理申出の取扱いについて」昭和51年1月23日民二第900号
通達）。この離婚届不受理申出は、日本人配偶者の本籍地においてこれを
行います。

　ところで、離婚届不受理申出については外国人同士の婚姻につき申出制
度の適用がありません（昭和51年6月11日民二第3328号通知）。

　これは、外国人同士の離婚の場合には、戸籍において準拠法を決定する
ために、各当事者の国籍や常居所を確定する資料の提出が求められるた
め、協議離婚届1枚（及び提出者の本人確認資料）の提出では事実上、協
議離婚できないことから大きな問題はないとされます（佐藤やよひ＝道垣
内正人編『渉外戸籍法リステイトメント』日本加除出版（2007年）〔織田
有基子〕239-240頁参照）。

（望月彬史）

イ　離婚を禁止する国及び協議離婚の制度がない国等

Q 23

　外国人から離婚の相談を受けましたが、国によっては、原則離婚ができない国や協議離婚がない国もあると聞きます。離婚が認められていない国とはどのような国でしょうか。また、そのような国の人がどうしても離婚したい場合、どのようにしているのでしょうか。

【解決のポイント】

　既にQ9で検討したとおり、日本において、婚姻関係を解消する（離婚）ことについては、通則法27条及び25条により、当事者に適用される国・地域のルール（準拠法）が決定されます（離婚に関する各Q参照）。

　また、実質的要件に関する準拠法が日本法による場合や、外国法による場合であっても、協議離婚を認める法制であれば、方式については日本法の方式（戸籍への届出）で離婚できることは述べたとおりです（Q22参照）。したがって、まず離婚準拠法がいずれの国・地域の法になるかを決定し、検討することになります。

　しかし、準拠法として指定された外国法上、離婚の制度がない（離婚ができない。）国や、協議離婚の制度がない国があります（むしろ比較法的には、日本の協議離婚制度の方が特殊な制度であり、司法機関や公的機関の関与を要件とする国の方が多いです。）。今回は前者の離婚の制度がない国について、参考までに解説します。

A

解説

1．離婚のできない国、裁判離婚による国

（1）現在では、多くの国で離婚制度が認められておりますが、かつてはキリスト教が離婚を認めていなかったことから、ヨーロッパのキリ

スト教国（イタリアやスペイン）において、離婚が制限されていた時代も
ありました。20世紀以降も、アイルランド、マルタ、チリ、フィリピン等
は離婚を認めていませんでした（溜池良夫『国際家族法研究』有斐閣
（1985年）100頁）。

　しかし、現在、離婚を国内の家族法で認めていない国はフィリピン（た
だし、同国で1977年ムスリム身分法が適用されるイスラム教徒を除きま
す。以下の説明も同様です。）のみであると考えられます。

　フィリピンの家族法については、公益財団法人商事法務研究会「フィリ
ピン、マレーシア及びインドネシアにおける身分関係法制調査研究報告
書」民事月報73巻11号（2018年）〔伊藤弘子、立石直子、望月彬史、遠藤
隆幸〕144-183頁があり、これについては、法務省の委託調査ですから、
同省のサイト[1]から閲覧できます。

（2）カトリックが大多数を占めるフィリピンは、第二次世界大戦後民法典
　　制定時（法律は1949年）に絶対的な離婚制度を廃止し、法定別居制度を設
　　けました。その後、民法典の家族法に関する規定を一部廃止する形で、
　　1987年に家族法が制定されましたが、ここでも離婚の制度はありません。
　　婚姻無効・取消し（ただし日本の無効・取消しと一部区別が異なります。）
　　及び法定別居が存在するのみです。

　　　また、離婚がないことから、精神的不能による婚姻無効の訴えがなされ
　　ることがあります。しかし、要件はかなり厳格に解されており（当事者の
　　謀議がないように訴訟において検察官が調査を行う例もあります。）、実際
　　に離婚に代わる制度とまでは言い切れません。

（3）ただし、同国は、フィリピン国外（例えば日本）でフィリピン人と
　　フィリピン人以外との間で取得（obtain）した離婚は、同国裁判所で承認
　　することができる旨規定しています（同国家族法26条2項）。かつては、
　　承認の対象は、外国での「判決」に限るとされたり、フィリピン人以外
　　（フィリピンからみた「外国人」）が原告となる必要がある等の解釈が同国
　　ではなされたりしていました。しかし、近時は、原告がフィリピン人の判
　　決であっても承認され、日本の協議離婚も承認対象とされる裁判例が出て

います。これは、フィリピンの裁判実務が「外国での離婚」が存在するか否かを問題としているものと考えられます。

　しかしながら、①フィリピンは外国での離婚を「事実」の問題として立証を要するものの、日本の民法自体に協議離婚の条文がなく、民法や家事事件手続法、戸籍法等の正式な（公式として承認された）英訳がないことからどう立証するのかという問題、②現地の弁護士の能力に差があること、③費用も時間もかかるといった問題点があります。

　仮にフィリピン人からの相談で、日本の離婚手続をとる場合には（日本人夫フィリピン人妻のケースでは、国際裁判管轄の問題がクリアできれば、準拠法が日本法になることから、日本での協議離婚も調停離婚も可能です。）フィリピン国内での承認については、容易にできるものではないことは念頭に置いてアドバイスをされた方がよいです。

｜2．準拠法がフィリピン法になった場合

　フィリピン人同士の離婚の場合で、日本に国際裁判管轄が認められるのであれば、離婚の準拠法が通則法27条及び25条となるため、当該当事者の離婚に関する準拠法は、フィリピン法になります。しかし、フィリピン法は離婚の制度を有していません。この場合、どのようになるでしょうか。

　これについては、通則法42条に定める（国際私法上の）公序の規定により、フィリピン法（同国家族法）の適用を排斥し、日本法で離婚の要否を判断することも考えられます。しかし、この場合には、離婚を認めない法律それ自体が公序に反するのではなく、当該法律を日本で適用し、離婚を認めない結果が当事者にとって苛酷な結果になり、日本の国際私法上の公序に反すると認められる事情（例えば、双方ともに、日本で長年住み、永住者で帰国予定もなく、本国との関連が全くないような事情等。）が必要です。

　かつて、通則法の名称が「法例」という法律だった時代で、現在の通則法27条及び25条と同一の内容に改正される前には、離婚の準拠法は「（離婚前の）夫の本国法」とされていました（改正前の法例16条）。この場合、夫がフィリピン人であれば、妻の国籍がフィリピンとは別の国籍でも、日本での

離婚の準拠法はフィリピン法となります。

　そこで、公序により同国法を排斥できるか否か、という問題が生じました（当時の裁判例につき、櫻田嘉章＝道垣内正人編『注釈国際私法（2）』有斐閣（2011年）〔河野俊之〕337-338頁（同注20）。）。しかし、この当時の裁判例も、離婚を認めない法それ自体が公序に反するのではなく、フィリピン法を適用した（離婚を認めない。）結果の重大性や、離婚が可能な法制度を有する日本との関連性を検討し、公序の適用の有無を判断しています。

（望月彬史）

1　http://www.moj.go.jp/content/001275676.pdf

（9）在留資格
ア　婚姻に基づく在留資格

Q24

外国人からの相談です。日本人と婚姻し「日本人の配偶者等」として在留資格を得ているのですが、このたび離婚の話が出ているようです。離婚してしまうと、「日本人の配偶者等」による在留資格はどうなるのでしょうか。離婚後も「日本人の配偶者等」としての在留期間が残っている場合、更新期間満了までは適法に在留できるのでしょうか。

【解決のポイント】

　離婚手続の前後を問わず、現状の在留資格が取り消され得ることから、資格の変更が必要な場合があります。

A

解説
1．離婚と「日本人の配偶者等」の在留資格

（1）まず、現状、当該夫婦間に婚姻の実体があるのか否かが問題となります。相談時点で、別居していたり、同居していても夫婦の実体がなかったりする場合には、①現状の「日本人の配偶者等」の在留資格が後に取り消されるおそれや、②次の在留資格の更新の際に「日本人の配偶者等」で更新できず、他の資格で在留資格を更新する必要が生じます。

（2）入管法22条の4第1項7号は「日本人の配偶者等の在留資格（日本人の配偶者の身分を有する者（兼ねて日本人の特別養子（民法（明治29年法律第89号）第817条の2の規定による特別養子をいう。以下同じ。）又は日本人の子として出生した者の身分を有する者を除く。）に係るものに限る。）をもつて在留する者……が、その配偶者の身分を有する者としての活動を継続して6月以上行わないで在留していること（当該活動を行わな

いで在留していることにつき正当な理由がある場合を除く。)」がある場合には、法務大臣は当該在留資格を取り消すことができる旨規定しています。

　上記（1）①及び②の場合、どのようなタイミングで取り消され得ることになるのかは、行政庁の判断もありますが、難しい問題です。婚姻の実体の有無は、同居の有無、家計の分担状況、当事者の就労等種々の要素が考慮されることになります。また、離婚手続中（調停や裁判）であっても、上記正当な事由に当たるとして、同じ在留資格での更新（更新後の在留期間は同じとは限りません。）が認められる例もあります。

　一方、離婚後については、まさに6か月後に取り消し得る状態になることから、在留期間の延長の際に、日本人の配偶者等の資格では延長できません。そこで、在留資格変更許可につき検討することになります（在留資格変更許可については、外国人ローヤリングネットワーク編『外国人事件ビギナーズ』現代人文社（2013年）74頁以下が実務的で参考になります。）。

（3）上記（2）の「正当な事由」については、法務省が具体例を「例示」していますので、これに限られるものではありませんが、参考になると考えられます[1]。

2．その他（事件受任時）

　本ケースのような相談は、離婚相談時によく生じます。相談者が、取次業務の届出を入国管理局に行っている弁護士又は行政書士に対し、従前から在留資格の手続を委任している場合もあります。この場合には、当該専門家と他の在留資格への変更可否（正当な事由がない場合）の見込み等を協議し、これが難しい場合には在留資格取消しのリスクを説明し、受任を検討することになります。

　弁護士が併せて在留資格の手続を行うのであればよいですが、離婚のみ扱う場合には、委任契約書に「離婚に伴う在留資格の変更の可能性、他の在留資格に変更できない可能性があることを説明し、委任者はこれを承諾したう

えで離婚事件を委任する」等の文言を入れておくことや、申請のみ別の弁護
士・行政書士に依頼し、協働することも検討されます。

（望月彬史）

1　http://www.immi-moj.go.jp/newimmiact_1/info/pdf/120703/haigusya.pdf

イ　子どもの在留資格

Q25

日本人（父）と外国人（母）の夫婦が離婚し、外国人（母）が親権者となって子どもを引き取りました。子どもは外国籍なので、婚姻中は「日本人の配偶者等（実子）」だったのですが、離婚により在留資格は変わってしまうでしょうか。

【解決のポイント】

　在留資格の基礎となる事実に変更が生じた場合は、法務大臣にその旨の届出をしたうえで、変更許可申請を行うことになります。しかし、まずは基礎となる事実に変更が生じているかどうかを検討する必要があります。

A　解説

　在留資格の基礎となる事実に変化があった場合は、その事由のあった日から14日以内に、法務大臣に対しその旨を届け出なければなりません。

　典型例としては、日本人の配偶者として在留する者が、日本人と離婚した場合などです。また、日本人の特別養子だった者が、特別養子の離縁（民法817条の10第1項）により特別養子でなくなった場合などにも基礎事情の変更が生じます。

　ところで、「日本人の配偶者等」と略されるこの在留資格は、正確には「日本人の配偶者若しくは特別養子又は日本人の子として出生した者」（入管法別表第2）です。そして、日本人の子として出生した者（いわゆる実子）は、その後の両親の離婚等の事情変更によっても影響を受けません。

　以上より、本件では、子どもの在留資格は変更されません。

（近藤剛史）

2 相 続

（1）被相続人が外国人であるとき

ア 日本での死亡

（ア）相続人は日本人

26

日本人の相談者は、外国人の妻と結婚して日本で暮らしていましたが、このたび妻を亡くしました。妻は遺言を残さず、日本国籍の子が2人います。このような場合、妻の相続については日本の民法に従って考えればよいでしょうか。

【解決のポイント】

まず、相続に関する問題については、通則法に従い、どの国・地域のルール（準拠法）が適用されるかを決定します。そのうえで、日本の手続の利用を検討することになります。

ここでは、①通則法に基づく相続に関して適用される法律の決定（通則法41条の反致の適用により日本法が適用される場合か否かを含みます。）、②日本の裁判所での手続の利用について検討します。

なお、①については、日本民法は死亡と同時に被相続人の権利義務が相続人に移転する法制ですが（包括承継主義）、そうでない法制もあります。例えば、第三者による管理・清算手続を経て、初めて財産の権利が法的に相続人に移転する（管理清算主義）というものです。

解説

1．相続に関する準拠法について

（1）はじめに

通則法36条においては、「相続は、被相続人の本国法による」と規定して

います。つまり、被相続人が国籍を有する国の法を検討することになります（ただし、通則法41条（反致）により、日本法となる場合があります。これについては（3）で述べます。被相続人の本国法の決定についてはＱ２等を参照してください。）。また、通則法36条にいう「相続」の問題には、①法定相続人は誰か、②相続分はどうなるのか、③相続の法的効果はどうなるのかといった問題を含みます。

（2）各国の立法政策

　各国の相続法制では、日本のように被相続人の死亡時に権利義務が承継される法制（包括承継主義）以外にも、英米法系の国にみられるように、財産及び負債につき、第三者が管理し（管財人に近い立場で）、清算後に各相続人に分配されるような法制（管理清算主義）があります。

（3）通則法41条に定める反致の問題について

　ア　通則法36条は、被相続人の「本国法」を準拠法とする旨を定めています。Ｑ１で述べたとおり、通則法41条において、当事者の本国法による場合であっても、「その国の法」に従えば日本法によるべきときは、日本法が準拠法となる旨を定めています。

　　　ここでいう「その国の法」とは、本国法として指定された国（又は法域）の国際私法ですので、当該外国の国際私法（日本の通則法のように１つの法律において種々のルールがある場合もあれば、国際私法の規定が民法典に含まれている場合、判例法の場合もあります。）が日本法によるとしている場合には、相続に関して日本法によることになります。つまり、日本人の国内の事件と規律が同様になります。

　イ　ところで、各国の国際私法では、

　　　（ア）相続に関する準拠法を一律にある国・地域の法（日本では「被相続人の本国法」（通則法36条）としていますが、被相続人の住所地法とする国もあります。）とするルールの国と、

　　　（イ）相続の準拠法を①不動産相続と、②動産の相続に分けて、それぞれに別の準拠法決定のルールを定めている国があります（例えば、不動産相続については、不動産の所在地の法とし、動産相続は被相続人

の本国法とするような定め方です。）。

　　　上記（ア）のような立法を相続統一主義、（イ）のような立法を相続分割主義といいます。

ウ　ここで、日本で外国人（Ａ国）が遺言を残さず死亡し、不動産が日本国内にあるとします。この被相続人の相続についての問題は、通則法36条により被相続人の本国法（Ａ国法）が指定され、通則法41条の反致が問題となります。

　　被相続人の本国であるＡ国の国際私法が、相続分割主義をとり、不動産については所在地法（例：日本法）を、動産については被相続人の本国法（Ａ国法）を準拠法とするような立法の場合には、通則法41条により、

　　（ア）不動産に関する相続→反致により日本法

　　（イ）その他の財産の相続→被相続人の本国法

となり、相続の対象となる財産ごとに、法定相続分や相続人が異なるという結果が生じます（この具体例（北朝鮮法の場合）については、司法研修所編『渉外家事・人事訴訟事件の審理に関する研究』法曹会（2010年）158-159頁参照）。

エ　さらに、管理清算主義をとる国では、手続のうち、①管理清算と、②財産の分配について準拠法を別にする国もあります（例：前者は遺産の管理地、後者はさらに動産と不動産で別の準拠法とする例があります。）。

オ　以上から、㋐被相続人の本国法は何か、㋑被相続人の本国の国際私法によれば日本法になるのか（通則法41条の適用）、㋒㋑の場合すべての相続が日本法になるのか、それとも（被相続人の本国の国際私法が相続分割主義を採用しており）ある財産の相続に関する準拠法のみが日本法によるのかといった事項を検討することになります。

2．日本国内での手続

（1）本ケースでは亡くなった妻は遺言を残していません。そこで、遺産の

　　分割や相続放棄等の手続を日本の家庭裁判所で行うことができるかが問題
　となります。

（2）まず、相続の準拠法が日本法となる場合には、法定相続人で遺産分割
　　協議も可能ですし、日本の家庭裁判所において遺産分割調停・審判を行う
　　ことになります。後者の場合には、日本の家庭裁判所が国際裁判管轄を有
　　するかが問題となります。

　　　ここで、調停事件については、家事事件手続法3条の13第1項により以
　　下の場合に国際裁判管轄が認められます。

　　　ア　遺産分割審判事件の国際裁判管轄が日本にある場合（1号）

　　　イ　相手方の住所地等が国内にある場合（2号）

　　　ウ　当事者が日本の裁判所に家事調停の申立てをすることに合意した場
　　　　合（3号）

（3）また、日本において遺産分割手続を行う場合、必ずしも調停を前置す
　　る必要がありません。遺産分割審判の場合（上記（2）アと同様の場合）
　　の国際裁判管轄については、家事事件手続法3条の11第1項により、原則
　　として以下の場合に国際裁判管轄が認められます（以下のルールは、家事
　　事件手続法中、別表第1の86の項から110の項まで及び133の項並びに別表
　　第2の11の項から15の項までの事項についての審判事件についての原則で
　　す。遺産分割、相続放棄手続以外の相続に関する各手続についても確認し
　　てください。）。

　　　ア　相続開始の時における被相続人の住所が日本国内にあるとき

　　　イ　住所がない場合又は住所が知れない場合には相続開始の時における
　　　　被相続人の居所が日本国内にあるとき

　　　ウ　居所がない場合又は居所が知れない場合には被相続人が相続開始の
　　　　前に日本国内に住所を有していたとき（日本国内に最後に住所を有し
　　　　ていた後に外国に住所を有していたときを除く。）

　　　さらに、遺産分割審判については、当事者の合意によっても国際裁判管
　　轄が認められます（家事事件手続法3条の11第4項）。

（4）相続放棄の申述手続も、上記（3）の国際裁判管轄のルールに従い、

相続準拠法に基づき行うことになります。しかし、本人の相続準拠法が管理清算主義を採用しており、かつ、反致の適用がなく日本法とならない場合には、未だ負債が法定相続人に移転していない（そもそも、負債は相続されないという法制もあります。）ことから、申述が認められないことになります。

この場合であっても、負債の大きさや被相続人と日本との関連性、法定相続人と日本との関連性、相続放棄を認められない場合の結果の異常性があれば、公序により日本法が適用され、申述が認められる場合も生じ得ます。

（望月彬史）

（イ）相続人は外国人

Q27

相談に来たのは日本人の妻と外国人の夫の夫婦です。夫の父は夫と同じ国籍で、夫と同様に日本の永住権を取得して、日本で土地建物を購入し、生前そこで生活していました。夫には弟がおり、弟は母国に住んでいます。夫の父が亡くなったとき、その名義の土地建物の遺産分割はどのようになるのでしょうか。

【解決のポイント】

　まず、相続に関する問題についての準拠法の決定・日本での手続については、Q26のとおりです。適用される準拠法に従って、かつ、国内に相続に関し国際裁判管轄が認められるのであれば、それに従って遺産分割を行います。ただし、不動産の名義については、相続を原因とする登記（準拠法が日本法になり、審判を経ないで法定相続分で相続登記を行う場合）の際に、日本人と異なる書類が必要となることがあります。

A

解説

1．遺産分割手続について

（1）被相続人が外国人の場合には、相続の問題につき通則法36条（及び41条）において、準拠法を決定し、その法に基づいて遺産分割の手続を行うことになります（Q26参照）。

（2）準拠法が日本法であったり、外国法であったりしても当該準拠法が包括承継主義を採用しており、日本と同様に法定相続人全員での合意による分割を許容する場合には、当事者での遺産分割協議も可能です。ただし、分割協議を行い、同協議に基づき相続登記を行う場合には、外国人の相続人については、登記手続時に日本人と異なる添付書類の提出が求められま

す（なお当該書類は、山北英仁『渉外不動産登記の法律と実務—相続、売買、準拠法に関する実例解説』日本加除出版（2014年）90-138頁に詳しいです。同書には各国の相続法制（準拠法として指定されるが外国法）についても一部言及がありますが、同書以外の文献も含め、裁判所における手続では、代理人となる弁護士が準拠法の内容を調査・特定することが望ましいです。）。

　日本の家庭裁判所における遺産分割については、本ケースでは国際裁判管轄が認められます（Q26参照）ので、手続をとることが可能です。

　一方、相続の準拠法が管理清算主義を採用する場合には、法定相続人に財産が死亡と同時に承継されないことから、日本の家庭裁判所の相続財産管理人の選任手続で、管理・清算手続を「代行」することになります。ただし、そもそも日本には、そのような国の遺産管理人の選任手続がないとする見解もあります。なお、管理清算主義を採用する国の国際私法は、不動産相続を財産の所在地法とすることが多く、通則法36条により相続に関する準拠法とされても、通則法41条に基づき反致が成立し、日本法が準拠法となることから、実例としては多くないとされています（この点については、司法研修所編『渉外家事・人事訴訟事件の審理に関する研究』法曹会（2010年）167-168頁（注10）参照。同文献においては、遺産管理人を選任するような事案が、（平成22年当時までに）「見当たらなかった」としています。）。

2. 法定相続人が国外にいる場合

（1）外国人の法定相続人が国内にいる場合には、遺産分割調停・審判について大きな問題は生じないと思われます。また、法律上外国人の当事者に対し、申立書に翻訳文を添付する義務はありません。なお申立書の写し（当事者の人数分が必要（家事事件手続規則47条））は、裁判所から「送付」されます（家事事件手続法67条1項）。これは人事・民事訴訟における「送達」と異なります。ただし、当該外国人当事者の日本語能力等や従前の交渉の有無を踏まえ、訳文等を添付した方がよい場合も実務上はあり

得るところです。

（2）他方、国外にいる場合にも、申立書の写しが国際送達（送達条約や民訴条約に基づく送達方法）によらず、直接郵送する方法で送られることがあります（上記（1）のとおり、申立書は「送付」されるものであり、送達に関する各条約は、一定の条件のもとで直接に郵送することを認めています。）。筆者の経験では、EMS で送付した例もあります。

　ただし、送付の確実性の観点から、送達の方法による場合もありますので、この場合には受領の可能性、当事者の連絡及び日本語理解の難易を含め、裁判所と協議しながら進めていくことになります。

（望月彬史）

イ　外国での死亡

（ア）外国で発生した相続の相続人が日本人であるとき

Q 28

　　ハワイ州の弁護士から、突然、日本人の相談者のもとに手紙が届きました。どうやら、相談者の叔母に当たる人がハワイに移民をして米国籍をとり、このたびハワイで亡くなったようです。手紙は、その遺産の信託を受けた子の代理人弁護士からの通知のようです。叔母の遺産を遺言に従って分配するのでそれを受け取ってもらいたい、という内容ですが、相談者のためにどのようなアドバイスが必要でしょうか。

【解決のポイント】

　　外国で生じた外国人の相続において、日本人が相続人や受遺者とされることがあります。依頼者が相続を受けようとするならば、日本の弁護士が依頼者のために窓口になり、助力することができます。依頼者が不測の不利益を受けることがないよう、調査できる範囲で調査を行い、適切な遺産の分配がなされるようにサポートすることが考えられます。

A

解説

1．外国で発生した相続の知らせを受けたとき

　　遺産分割において、外国にいる外国人が相続人となることがあるのは、日本で発生した相続に限りません。外国で発生した相続において、日本人が相続人となっていることもあります。また、外国人の遺言によって、親族である日本人が受遺者に指定されることもあり得ます。そのような通知を受けた日本人が、日本国内で弁護士に相談に訪れることがあります。まずは、通知のあった文書を読んで、意味を理解することが必要となります。

　　もちろん、このような通知が実際の相続とは関係なく、例えば手続費用の

振込みを求めるなどの詐欺の手段である可能性も否定できません。したがって、文書の内容を把握するだけでなく、通知を送付してきた外国の弁護士が実在するかどうかをインターネット検索などで確認すること、いきなり費用の振込みを求めるなど違和感のある内容でないかを確認することは、最低限必要な作業です。

2．外国人の相続に関して日本の弁護士が助力できること

　日本でも遺言の作成は一般にも知られるようになりましたが、日本よりもはるかに遺言の作成が原則的になっている国もあります。また、遺言によって信託財産が形成され、その信託の内容に従って遺産が換価・分割されることもあります。この信託を受けるのが会社など法人であることもあります。日本では一般的ではない制度であるからといって、一概にあやしい文書であると考える必要はありません。ただし、そのような法文化・法制度がその国において一般的かどうかについては、調査したり、ほかの弁護士に尋ねるなどして、確認したいところです。

　米国では、このような遺言による信託が行われ、これに従って遺産の分配がされることがあります。遺産を受け取る意思を表示しなければ分配を受けられないことが多いと思いますので、その意思を表示する必要があります。送られてきた文書に、どのような遺産があり、どのように分配されることになるかが説明されていると思われますが、分配を受ける意思を示す方法（意思表示を返送する書面）が同封されていれば、その内容を確認して、相続人あるいは受遺者に指定されている相談者に署名をしてもらい、返送することになります。

　このとき、相続人が提出しようとする書類に弁護士によるサイン証明書を必要としたり、パスポートなど身分証明書の写しと弁護士による謄本証明を同封するよう求められていたりすることがあります。遺産の分配のためにそのような資料や証明が必要となることもありますので、必要に応じた助力をするとよいでしょう。

3．代理人として相続人の連絡窓口となるときの留意点

　遺産の管理や信託財産の分配などを行う管理者あるいはその代理人弁護士が丁寧であれば、連絡文書に遺産から支出する費用が明記されていると思われます。不明な点があれば、書類を返送する前に、疑問点を指摘して回答を受けるべきです。また、遺産の換価の過程について説明が不十分であると感じたときは、その点を尋ねてもよいでしょう。遺産を受ける相談者の利益となるように依頼を受け、不測の損害を被ったり不安を感じたりすることが少なくなるよう、日本法による遺産分割や死因贈与と同じように、代理人として注意することが主な業務となります。

（兒玉浩生）

（イ）日本で発生した相続の相続人となった外国人の相談

29

香港の事務所に勤務している同期の弁護士から突然連絡がありました。どうやら、同期の弁護士が依頼を受けている日系の香港人が、日本で亡くなった日本人の相続人のうちの１人であり、相続に関する依頼を受けていて、この相続手続について共同で受任してもらいたいそうです。相続財産は日本にある不動産と預貯金であり、遺言はなく、香港人の依頼者はもう何十年も日本を離れていて今後も日本に戻ることはないようです。どのような形で受任して、事件を進めていくに当たりどのようなことに気をつければよいでしょうか。

【解決のポイント】

　日本での相続について取扱いのある弁護士であれば、被相続人が日本人であるケースで日本法による遺産分割を受任するのにためらうことはないでしょう。外国人の相続人から依頼を受けたときにも、遺産分割の代理人として行う業務は変わりませんが、手続の中で若干留意すべき点があります。

A 　　解説

1．日本人の相続について外国人の相続人がいる場合の準拠法

　本ケースの状況であれば、日本に住み、日本で亡くなった日本人の相続ですので、日本の民法に従って被相続人の遺産分割がされることになります。相続人である香港人から依頼を受けたときは、他の日本人の相続人との間で遺産分割協議を行い、依頼者の希望になるべく添うように、代理人として活動することになります。外国人が相続人であるからといって、法定相続分に

違いはありません。もっとも、香港には様々な国籍を有する居住者がいますので、本ケースとは異なり国籍や準拠法が問題となるときは確認をする必要があります。

　日本の民法が適用される場合、配偶者、親子兄弟及びそれらの代襲相続人が法定相続人となり得ますが、日本法における配偶者や親子兄弟関係が認められるかどうか、例えば外国法に基づく婚姻のみを行っていたり、日本法には存在しない事実婚等をしていたりするパートナーやこれを介する親子関係のある者を日本法に基づく相続において配偶者であると考えてよいかどうか、確認・検討を要する場合があります。婚姻関係については、婚姻の準拠法に基づいて婚姻関係があるかどうかを確認することになります（Q13参照）。

2．受任する場合の留意点

　相続人の代理人を引き受けるに当たっては、以下のような点に留意する必要があります。まず、受任をするに当たり、香港にいる同期の弁護士と共同で受任することは可能です。もっとも、その弁護士に日本における代理人としての活動が許されるかどうか、慎重に検討する必要があります。日本における弁護士登録を保持したまま香港にいるのであれば、日本における法律事務を有償で行うことはできますが、日本の弁護士登録を外しているときは、たとえ香港における律師の資格を有していたとしても、日本における日本法の法律事務を扱えば非弁行為となります。したがって、このような場合は、香港における依頼者に対するサービスのみに従事してもらうことになります。日本での遺産分割について委任状に名を連ねることや、交渉への同席、通知文書への連記はできません。また、報酬をまとめて受け取り分配することも控えるべきであり、個別に委任契約を結んで委任の範囲を明確にすべきです。

3．遺産分割協議の進め方

　遺産分割協議書については、代理人として記名押印することにより有効に

成立させることが可能です。しかし、遺産分割に基づいて預貯金の名義変更、解約、不動産登記などを行うに当たっては、通常の場合に当事者である日本人が実印の押印と印鑑登録証明書の添付によって対処している諸手続について、別の方法によらなければならなくなります。単にサインのみで手続が可能な場合もありますが、登記をはじめ多くの場合は、サイン証明書によって印鑑証明の代替をする必要があります。外国人の場合は、来日していれば当該外国の在日大使館でサイン証明書の発行を受けますが、来日していない場合は、手続の委任を受ける司法書士の宣誓供述書と公証人による認証を組み合わせます。いずれにしても、登記手続をする場合には司法書士との協力、法務局への相談等が不可欠です。

　なお、当然ながら、遺産分割の目標と最終的な合意内容については、依頼者の希望を十分に把握することが必要です。依頼者は香港に在住しているので、日本にある不動産などの相続は希望していないと思われますが、その点についても同期の弁護士の力を借りて依頼者の意向の把握を慎重に行いましょう。遺産として受け取る現金や預貯金の送金については、共同受任する同期の弁護士が協力してくれると思いますが、多額の外国送金を行う場合は届出の必要なことがありますので、送金を必要とする原因となる遺産分割協議書などはその説明ができるように整えておかなければなりません。

（兒玉浩生）

（ウ）日本での在留外国人による遺言

Q30

日本語の読み書きができない高齢の外国人夫婦が相談に来ました。日本に永住権を取得していて、これからもずっと日本で生活するつもりのようですが、日本にいる子と、外国にいる子の間で紛争にならないように、遺言をしておきたいと希望しています。どのような方法を勧めればよいでしょうか。また、日本人の日本語での遺言とはどのような違いがあるでしょうか。

【解決のポイント】

　日本で在留外国人が遺言をしようとする場合、有効な遺言をするために確認と配慮が必要です。相談の段階で準拠法と遺言の効力について確認をしておきたいところです。受任する場合には、通訳の要否、相続人の確認方法など、遺言の手続に際して外国人特有の対処をすることが必要となります。

A

解説

1．外国人による遺言の方式と相続の準拠法

　遺言の方式の準拠法に関する法律2条は、遺言の方式が次に掲げる法のいずれかに適合するときは、方式に関し有効とするものとしています。

① 行為地法

② 遺言者が遺言の成立又は死亡の当時国籍を有した地の法

③ 遺言書が遺言の成立又は死亡の当時住所を有した地の法

④ 遺言者が遺言の成立又は死亡の当時常居所を有した地の法

⑤ 不動産に関する遺言について、その不動産の所在地法

　したがって、日本に在留する外国人は、同条3号又は4号に基づいて、日本の民法による方式に従って遺言をすることができます。これは、自筆証書遺言、秘密証書遺言、公正証書遺言のいずれも可能であることを示しています。

　さらに、遺言を作成するならば、方式だけでなく、相続発生のときにその内容においても有効となるようにしなければなりません。通則法36条は、相続については被相続人の本国法に従うものとしています。このため、外国人が日本の方式で遺言をしたとしても、相続については国籍を有する本国法に従うことになります。また、通則法37条は、遺言の成立及び効力についても、成立の当時における遺言者の本国法によると規定しています。なお、遺言の成立とは、遺言能力や遺言者の意思表示の瑕疵の有無などであり、遺言の効力とは、遺言の効力の発生時期や条件、取消し・撤回の可否などをいいます。

　もっとも、これらについて本国法が適用されることになる場合でも、その本国法が遺言の準拠法を行為地（遺言地）法による旨の規定をしているときは、反致（通則法41条）によって、日本の民法が適用されることになります。この反致によって、結局、日本の法律による内容、成立及び効力を考えることで足りることも多いのですが、これを確認するためには、遺言者の本国法における準拠法の規定を調査する必要があります。例えば、日本で死亡した被相続人が韓国籍の場合であれば反致は生じず韓国法による相続となりますが、北朝鮮国籍の場合は朝鮮法による反致が生じて日本法による相続となるとされています。米国籍の被相続人が日本で死亡した場合、州によっては、不動産については本国法によって処理され、その他の財産については最後の住所地の法によるべきとされているために反致が発生して日本法によって処理される、ということもあります。

　したがって、死亡する場所や遺産の種類によって遺言作成時の想定と相続発生時に適用される法律が異なる結果になる可能性もありますので、当該遺言者がどのような財産を持っているのか、終生日本で生活するつもりなのか本国に帰る可能性があるのかどうかを、確認しておきましょう。

2．日本において日本の方式による遺言を作成する場合の留意点

外国人が日本の方式で遺言を作成するときには、公正証書遺言によることを勧めた方がよいでしょう。自筆証書遺言又は秘密証書遺言について、日本語で作成しなければならないとはされていませんので、外国語で記載したうえで署名押印をすれば、有効に作成することはできます（押印が法律上の要件となっており、外国人であってもサインのみでは無効です。）。しかし、外国語で書かれていると遺言の明確性や遺産の特定など（特に不動産や金融商品について）が十分になされているかどうか確認することが難しく、また、執行の場面で翻訳を行う必要がありますので、日本での遺産に対する執行を考えている場合には日本語で作成しておく方が合理的です。そうすると、日本語の筆記や理解に慣れていない外国人には自筆証書遺言、秘密証書遺言は向いていません。また、日本人でも一般的に、遺言者の意思表示の瑕疵や記載された遺言の解釈に争いが発生しにくく、遺言の破棄や紛失も起こらず、執行に当たっても安心な点が多いことからも、公正証書遺言が勧められるところです。

公正証書遺言は日本語で作成されますので（公証人法27条）、日本語の読み書きができない外国人の場合は、利害関係のない通訳人の同席が必要になります。一般には、遺言者の代理人として調整をする弁護士が通訳人を兼ねることは認められていません。遺言者の身元確認の方法として、印鑑登録証明書のない場合は、旅券や外国人登録証明書を用います（公証人法28条）。また、上記のとおり本国法に従った法定相続人か反致による日本法に従った法定相続人の特定をするための書類が必要となります。

大抵の公証役場においては外国人による遺言作成の事例がありますので、具体的には公証役場及び公証人と協議をしながら準備することになります。

（兒玉浩生）

※参考資料

東京弁護士会外国人の権利に関する委員会編『外国人の法律相談〈改訂版〉』学陽書房（2018年）Q66、Q67、Q68

（2）相続人が外国人であるとき
ア　相続人に外国在住の外国人がいる場合

Q31

子のいない高齢の日本人が亡くなったということで、法定相続人のうちの1人である甥が相談に来ました。戸籍によると、どうやら、被相続人には相談者の亡き親とは別に兄がいるのですが、何十年も前に移民でカリフォルニアに渡ってしまったようで、戸籍上は国籍離脱をしている記録しか残っておらず、生死や連絡先は不明のようです。被相続人の名義の不動産を甥が取得するなど、相続の処理を受任して進めるために、どのような進め方をすればよいでしょうか。甥に対して相続させる遺言があるときはどうでしょうか。

【解決のポイント】

　日本で日本人が死亡している相続ですから、日本法に基づいて処理されることになりますが、所在や生存の不明な外国人相続人が戸籍上存在するときには、遺言がない等の場合、これを無視して遺産分割の手続を進めることができません。調査のうえで、連絡がとれない場合にはそれに応じた法律上の対処をすることが必要です。

A

解説
1．相続の準拠法と外国人相続人を含めた遺産分割の必要性

　日本人の相続が日本で発生している場合、この相続は被相続人の本国法である日本法に従って処理されることになります（通則法36条）。したがって、国外にいる相続人に対しても、日本法に沿った対処が必要となります。これは、その相続人が日本国籍を保持しているか、国籍離脱をしているかを問いません。

　被相続人が日本において効力のある遺言をしており、法定相続人のうちの1人である甥など日本で連絡のとり得る相続人に対して「相続させる」遺言がなされているときは、預貯金の名義変更、不動産の相続登記などは、それぞれの相続人が単独で行うことができます。また、法定相続人でない者に対する遺贈の遺言がされているときも、遺言執行者の就任があれば、他の法定相続人の同意なく相続の処理が可能でしょう。もっとも、遺言執行者を置いた場合、遺言執行者の任務として法定相続人に対する相続財産目録の交付義務が発生するので（民法1011条1項）、その履行のために外国にいる法定相続人の所在を調査する必要があります。

　調査の方法としては、国籍離脱をした際に取得した国籍について市民登録の有無を照会し、現地の日系人団体や調査会社に依頼することが考えられますが、有効な手立ては多くはありません。外国に居住する日本人については、出帰国記録の弁護士会照会や、外務省に依頼する所在調査の方法がありますが、国籍離脱をした後の者についての調査ではこれらの方法をとることができません。

2．遺言がなく、外国人相続人の生存、所在及び連絡先が不明の場合

　法定相続人の一部が生死不明で「失踪している」といえるときには、失踪宣告を検討することができます。通則法6条1項は、不在者が生存していたと認められる最後の時点において日本に住所を有し又は日本国籍を有していたときには、日本法による失踪宣告（民法30条1項の普通失踪）ができるとしています。したがって、国籍離脱をして外国に住所を移し、外国での生活をしていたことがうかがえるときには、この条項には当てはまりません。しかし、通則法6条2項は、不在者の財産が日本にあるときはその財産についてのみ、不在者に関する法律関係が日本法によるべきとき等にはその法律関係についてのみ、日本法による失踪宣告を認めています。したがって、国籍離脱に伴い外国に住所を移した後に生死不明となって長期間経っている相続人については、この条項による失踪宣告の申立てが考えられます。普通失踪であれば生死不明となってから7年間の経過により死亡したものとみなされ

るので、仮に失踪宣告が認められれば、生死不明となった時点によっては日本で遺産分割を行う相続の開始前に死亡していることになり、そもそも法定相続人として遺産分割に関与させる必要がなくなります。

　法定相続人の一部が国籍離脱に伴って海外に移住しており、戸籍上は生存しているもの、調査を尽くしても所在不明又は生死不明であるときは、一般的には不在者財産管理人の選任を申し立てて、遺産分割協議又は調停、審判を行います。この遺産分割について、必ずしも家庭裁判所における調停又は審判を行う必要はありませんが、いずれの場合も不在者財産管理人が遺産分割協議・調停・審判を成立させるときには選任した家庭裁判所の許可が必要となりますし、家庭裁判所の調停調書又は審判書が作成された方が、当事者性や公平性に疑念を残さないため、任意の遺産分割協議書よりも調停又は審判にした方が、その後の名義変更等の手続をスムーズに行うことができます。

　不在者財産管理人は不在者に対して善管注意義務を負いますので、不在者に不利な内容での遺産分割はできません。具体的事情に合わせて法定相続分を若干下回る程度の遺産分割であれば、家庭裁判所の許可が得られることもありますが、不在者が死亡している可能性が高い、あるいは、帰来する可能性が著しく低いからといって、安易にわずかな財産のみを相続する遺産分割をすることは許可を得にくいものと思われます（もっとも、不在者の消息及び遺産の実情、実質的公平等を考慮して、法定相続分を大幅に下回る遺産分割協議を許可している事例もあります（大分家審昭和49・12・12家裁月報28巻1号72頁〔27441648〕）。）。

　とはいえ、いつ現れるか分からない不在者のために財産管理人が財産を管理し続けるのは不合理ですし、財産管理人の任務がいつまでも終了しないので、不在者の帰来を代償金支払いの条件とする遺産分割協議も用いられています。すなわち、法定相続分の割合によれば不在者が1000万円相当の遺産を相続すべき場合には、主たる遺産を相続する者（通常は調停の申立人や大きな不動産を相続する相続人）が、不在者財産管理人の報酬相当額（あらかじめ家庭裁判所の決定を得ておきます。一般的には数十万円程度です。）の代

償金を遺産分割の合意成立時に直ちに支払い、不在者となっている相続人が現れることを停止条件として残余の額を現れた不在者に対して支払うことを内容とする遺産分割内容とします。こうすることによって、不在者にとっても不利益でない遺産分割を行ったうえで、遺産分割の成立後、まもなく不在者財産管理人は任務を終了することができます。このような遺産分割の許可には、条件付きの代償金債務を負う相続人が将来にわたり支払う資力があると見込まれることも必要でしょう。

※参考資料

野々山哲郎ほか編『Ｑ＆Ａ相続人不存在・不在者財産管理の手引』新日本法規出版（2017年）299頁以下（Ｑ96及びＱ97）

3．外国人相続人に連絡ができたものの協力を得られない場合

外国にいる法定相続人の所在が判明したとしても、日本における手続への協力が難しい場合には、遺産分割調停又は遺産分割審判によって相続の内容を確定させ、諸手続に進むことも考えられます。この場合、外国にいる法定相続人には、相続分の放棄又は譲渡を行ってもらえば、調停や審判の手続から排除され、日本において手続に関与しやすい相続人のみで手続を進めることが可能となります。相続分の放棄又は譲渡すら行ってもらえない場合は、審判によって解決を図るほかありません。

（兒玉浩生）

イ　外国での当事者の特定と親族関係の証明の方法

Q32

高齢の日本人が亡くなり、戸籍によると、被相続人には兄がいるの
ですが、戦前に移民としてハワイに渡り、当時のハワイ準州に国籍
離脱しています。被相続人の兄は既に亡くなっているのですが、その子らに
は何とか連絡がとれる状態で、日本の相続財産については特に取得するつも
りがないようです。被相続人の名義の不動産を日本にいる相続人（日本人）
の名義に変える登記のために、ハワイ州にいる相続人の相続関係を証明する
書類と遺産分割協議書が必要だといわれましたが、どのような書類をどのよ
うに用意してもらえばよいでしょうか。訳文は必要でしょうか。

【解決のポイント】

　外国人が当事者となる場合、その特定をすること、所在を確認するこ
と、親族関係を確認することが必要となります。また、その結果を手続
に利用するためのは、証明書など公的書類を取り寄せて準備する必要が
あります。

A 解説

1．外国に所在する外国人当事者の特定方法

（1）氏名の特定

　外国人当事者の氏名は、当該外国において使用されている表記による氏名
によるべきですが、日本国内における裁判所、法務局及び銀行等の私企業に
おいては、これをカタカナ表記にしたもので手続が行われることになりま
す。

　日本国籍を離脱して外国籍となっている人の氏名は、国籍離脱をしたとき
の日本の戸籍上の氏名（日本語表記によるもの）と同一性が確保されている

とは限りません。国籍取得時に異名を取得していたり、その後の婚姻等による改姓がされていたり、ミドルネームが加わっていたりすることもありますし、同一人が出生証明書と旅券では異なる表記や綴りであることもあります。また、日本国籍を保有したことのない人物が日本国内で必要な手続の当事者となることもありますが、その場合には参考となる日本の戸籍上の氏名を持たないことになります。

　日本における諸手続において、戸籍に記載されている国籍離脱済みの特定の人物と、外国に居住する外国人とが同一であることは、氏名の外国語による（居住地法・本国法によって公的に証明された）表記と、これをカタカナで表記したもの、日本国籍であったことのある人物については戸籍上の表記を併記したうえ、さらに公的書類に記載されている氏名と生年月日が同一であるなどの証拠をそろえて示すことになります。

　外国人に関する公的書類としては、まずは旅券が頼りになります。旅券には発行国における正式な表記による氏名と生年月日が記載されます。また、身分証明制度をとる国では、身分証明番号が旅券にも記載されることが多くあります。戸籍のない国では、後述の身分上の地位の証明を兼ねて、出生証明書・婚姻証明書を原資料として、在日大使館・領事館による証明書を得る方法がとられます。

（2）住所の特定

　当事者の住所は、単に連絡先となる場所としても必要な情報ですが、さらに、裁判管轄権の存否を判断するための住所、準拠法の適用判断のための基準となる住所が考えられます。また、英米法上の住所としてドミサイル（domicile）があり、これは出生と同時に与えられる本源住所、成年に達してから自ら選択する選択住所、未成年者等が親族の住所に従属して取得する従属住所があるとされています（日本法における本籍を指してdomicileと訳する例もありますが、性質を異にするものです。）。

2．外国人の親族関係の証明方法

　外国人の存否（消息）及び身分上の地位（親族関係）の確認については、

各国の事情に応じた方法が必要となります。

　韓国、台湾では、出生届に伴い出生登記がされていれば、戸籍ないし家族関係登録簿に記録があり、この記載事項の証明書を受けることができます。もっとも、日本における特別在留許可を受けている人は本国への出生届をしていないことが多く、このような場合は逆に日本の外国人登録原票によって親族関係を明らかにすることができる場合があります。日本において出生や婚姻をしている外国人については、出生届・婚姻届がなされた市町村が特定できれば、保管されている届出書によっても突合することができます。

　戸籍制度が整備されていない国では、個別の身分関係を証明する書類を必要とします。身分上の地位（親族関係）を証明するためには、中国では公証人から親族関係公証書、出生公証書といわれる人単位の身分上の地位等の証明書の発行を受けられます。そのほか、国によって異なりますが、出生証明書、婚姻証明書、死亡証明書など個別の届出について証明を受けることによって、親子関係、婚姻関係など身分の創設・変更を証明していくことになります。これらの証明書によっても不足する部分については、宣誓供述書を作成して在日大使館・領事館又は本国の公証人の認証を受けて証明書とする方法もあります。

（兒玉浩生）

※参考資料
　加藤文雄『渉外家事事件整理ノート〈新版〉』新日本法規出版（2008年）
　18-28頁

（3）相続人が日本人で外国にいるとき
ア　外国で所在や生存の分からない日本国籍者の調査方法

Q 33

日本人について日本での相続が発生しましたが、被相続人の子のうちの１人が数十年前に米国カリフォルニア州へ移住したまま生存した記録になっています。戸籍の附票によると、カリフォルニア州ロスアンゼルス市へ転出したという記録が残っているのみで、詳しい住所は分かりません。この人の所在や生死を調査するためには、どのようにすればよいでしょうか。また、結局判明しなかった場合、どのように手続を進めていけばよいでしょうか。

【解決のポイント】

　外国に移住してから長期間経過している日本人について所在を調査するためには、いくつかの方法があり、これを尽くしたうえで所在も生死も不明であれば、不在者として諸手続を進めることが考えられます。

A 解説
１．外国に所在する日本国籍の当事者の所在確認

（1）戸籍謄本及び住民基本台帳の記録

　日本国籍のまま住所を永続的に外国へ移転させたとき、国外への転出届をしても、戸籍上の記載には何らの変化は生じませんが、自治体の住民でなくなるため住民基本台帳の記録からは除かれます。住民基本台帳に転出先が記録されていることが多く、住民票の除票にその記載がされますが、その当時の本人の申告をそのまま記載するにすぎず、また、転出先については国名程度の記載しかないことが多くあります。住民基本台帳の国外転出届をせずに海外へ移住しているときは、住民登録が日本国内の旧住所に残ったままに

なっていることもあります。この場合、住民基本台帳法34条による実態調査を経て住民登録が職権消除されていることもあります。以下のいずれの手続をとる場合にも、まずは住民登録がどのようになっているのかを把握する必要があります。

（2）出入（帰）国記録の照会

日本人の出入国記録については、コンピュータ記録の範囲内で、東京入国管理局調査企画部門に対して照会可能です。事件の受任後は、弁護士会照会によって行うことができます。出帰国年月日、出帰国港、航空機便名、乗降地名などが開示されます。

（3）外務省が実施する所在調査

外務省が実施する「所在調査」とは、親族（の代理人）又は弁護士会（弁護士法23条の2の照会）等からの依頼により、海外に在留している可能性が高く、長期にわたってその所在が確認されていない日本人の住所及び連絡先等を、在外公館（大使館等）が保有する資料をもとに調べる制度です。国又は地域を限定して行うことになりますので、住民票に記載されているなど、転出先の国名又は地域名が記録されている必要があります。そのほかにも、転出先の住所が推測できるようなもの（手紙等）があれば、資料として添えます。申込先は、外務省領事局海外邦人安全課所在調査担当となります（2019年現在）。

所在調査の申込みから回答までには数か月かかる場合があり、必ず所在が判明するとは限りません。

（4）国際協力機構、日本人会等の団体を通じた調査

独立行政法人国際協力機構に協力を求めることも考えられます。

また、日本人在住者や移民の多い国や地域では、日本人会・日系人団体等が組織されていることがあります。そのような団体に対する調査を依頼することがあります。

（5）ウェブサイト、SNS等

Facebook、LinkedIn など、実名で使用する SNS において、当該人物であると推測される人物のアカウントが発見されたときは、これをもとに直接

メッセージを送るなどして、連絡先を教えてもらえることもあります。

2. 国外に転出した日本人の所在・生死が不明の場合

　相続事件において、法定相続人の一部が海外に移住しており、戸籍上は生存しているもの、調査を尽くしても所在や生死が不明であるときは、一般的には不在者財産管理人の選任を申し立てて、遺産分割協議、調停又は審判を行います。具体的な手続は、相続人が所在不明の外国人である場合のQ31を参照してください。

（兒玉浩生）

※参考資料

　加藤文雄『渉外家事事件整理ノート〈新版〉』新日本法規出版（2008年）361-363頁

イ 相続人の不在

34

Q33で、ある法定相続人の日本人が死亡している記録が見つから
ず、現在の所在や連絡先も分からない状態です。この場合、どのよ
うに遺産分割を進めればよいでしょうか。

【解決のポイント】

　本ケースは、日本法の相続であるものの、当事者である日本人の所在
が不明という場合が想定されています。遺言等がない場合には、不在者
財産管理人の選任により、遺産分割を進めることになります（Q31参
照）。ここでは、不在者財産管理人選任申立時につき問題となる点を簡
単に述べます。

解説

1．不在者財産管理人選任申立てで問題となる点

（1）国際裁判管轄

　これについては、本ケースでは日本人が不在者として考えられています
（この者を「A」とします。）が、Q33と同様の事例の場合、Aは海外にいる
可能性があります。例えば、日本人のまま、いわゆる23条照会の結果、日本
への入国記録がないような場合には、海外で所在が不明である、ということ
になります。

　不在者の財産管理に関する審判事件の国際裁判管轄については、家事事件
手続法3条の2に規定があり、「裁判所は、不在者の財産の管理に関する処
分の審判事件（別表第1の55の項の事項についての審判事件をいう。第145
条において同じ。）について、不在者の財産が日本国内にあるときは、管轄
権を有する」と定めています。

　また、本ケースでは、日本法が相続の準拠法となりますが、日本民法上、相続の発生時に権利義務が移転しますので、遺産はＡの財産と考えられます。したがって、国際裁判管轄については認められることになります。

（2）準拠法

　本ケースでは、被相続人が日本人であり、Ａも日本人です。相続の準拠法も日本法になります。したがって、当然不在者の財産管理についても日本法となると考えられます。

　なお、日本国内における不在者の財産管理について、どの国・地域の法律によるか（準拠法）については、通則法に定めがありません。また、通則法は失踪宣告につき、国際裁判管轄と準拠法に関する規定を設けていますが、不在者財産管理人は、失踪宣告の有無にかかわらずなされるものであり、「失踪宣告」の問題として考えるべきではありません。一般的には、明文の規定はないものの、財産所在地法によると解されています（本ケースでは、この見解に基づいても、日本法が適用されることになります。）。

｜2．日本法に基づき申し立てる場合の問題点

（1）国内の裁判管轄

　家事事件手続法145条は「不在者の財産の管理に関する処分の審判事件は、不在者の従来の住所地又は居所地を管轄する家庭裁判所の管轄に属する」と定めています。本ケースでは、そもそもカリフォルニアに渡って所在不明となっているため、従来の住所地がどこなのかが問題となります。

　ただし、不在者の従来の住所地又は居所地も不明であれば、不在者の財産の所在地を管轄する家庭裁判所又は東京家庭裁判所の管轄となります（家事事件手続法7条。同条は財産の所在地を管轄する家庭裁判所のほか「最高裁判所規則で定める地」を管轄する家庭裁判所としており、家事事件手続規則6条はその地を東京都千代田区と規定しています。同区を管轄する家庭裁判所は東京家庭裁判所となります。）。したがって、財産所在地であれば管轄が認められるものと考えられます。

（2）申立権者

利害関係人（民法25条1項）には不在者とともに被相続人の法定相続人となった者が含まれます。

（3）書類等

申立書のほか、Aに関連する書類としては、①Aの戸籍謄本、②Aの戸籍附票の写し、③Aの不在の事実を証する資料が必要です。この点、戸籍の附票上のAの記載が（高齢等により）職権消除されているのであれば③は不要であるとされています（片岡武ほか『家庭裁判所における成年後見・財産管理の実務〈第2版〉』日本加除出版（2014年）156頁）。しかし、そのような場合でなければ③については、Q33の記載を検討しながら資料を準備する必要があります。

（4）その他

その他の点については、日本国内の手続と同様であると考えます。本ケースにあるような遺産分割協議を行う場合、不在者財産管理人は権限外行為許可を得る必要があります。ただし、Q33で述べたとおり、不在者が帰来する可能性が低い場合には、法定相続分を下回る遺産分割協議案を事前に提出し、許可を求めることになります。

（望月彬史）

3 一般民事

（1）管轄・準拠法の問題

ア 債務不履行責任

（ア）外国の債権者

Q35

我が社は、2年ほど前にフランス国内の同国法人に機械製品を販売したのですが、納品から1年半後、当該法人から同製品に不具合が発見されたようで、代金の返金や損害賠償を請求されています。これに応じる必要があるのでしょうか。また、修理や補修を求められた場合にはどうでしょうか。

【解決のポイント】

Qを一読してお分かりのとおり、本ケースでは、具体的な結論を回答することはできません（そもそも不具合が何なのか不明です。）。それゆえ、ここでは、弁護士としての相談対応、検討事項、検討の際に問題となる法的事項（何を確認すればよいか。）について、事項を分けて説明したいと思います。

A

解説

1．初動としての確認等

まず、契約締結の経緯、過程でどのような書類が作成されたかを確認することになります。それを踏まえて、契約書や発送に係る書類を確認し、不具合等の内容（法的に意味のある事実か否かは関係なく）等の事実問題を確認していくことになります（筆者の体験したケースでは、そもそも上記事実問題について、記録がない、打合せを行っても全貌がつかめないというものもあります。）。

そのうえで、以下2及び3の事項を踏まえ、①国内での法的手続につき受任するのか、②交渉も含め受任するのか、③別の法律事務所等を紹介するのかといった点を検討することになります。

2. 管轄の検討事項（法的手続が予想される場合）

（1）管轄合意について

ア　裁判になる段階か賠償の交渉の段階であるのかにかかわらず、まず、上記1の確認で、契約書等で国際裁判管轄（どこの国で裁判を行うか。）の合意がなされているか、そして合意がある場合に、それが①日本なのか、②海外なのか、③裁判所に関する合意なのか裁判外の合意（例：仲裁合意）なのかを確認します。また、ケースとしてはあまり多くないのかもしれませんが、契約書が日本語や英語でない場合、事前に相談者に書類の言語を確認し、訳文等の準備も行うことになります。

イ　そして、契約書等で国際裁判管轄（どこの国で裁判を行うか。）の合意がある場合で、仮に裁判管轄合意が日本の裁判所になっており日本国内でその有効性が問題となる場合には、民事訴訟法3条の7の解釈により、判断することになります。解釈の点は、市販の注釈書等を参考にしてください。この分野に関しては多くの書籍が市販されていますので、そこまで調査が困難になるものではありません。同条は6項までありますが、本ケースでは1項ないし4項が問題となります。

「当事者は、合意により、いずれの国の裁判所に訴えを提起することができるかについて定めることができる。

2　前項の合意は、一定の法律関係に基づく訴えに関し、かつ、書面でしなければ、その効力を生じない。

3　第1項の合意がその内容を記録した電磁的記録（電子的方式、磁気的方式その他人の知覚によっては認識することができない方式で作られる記録であって、電子計算機による情報処理の用に供されるものをいう。以下同じ。）によってされたときは、その合意は、書面によってされたものとみなして、前項の規定を適用する。

　　4　外国の裁判所にのみ訴えを提起することができる旨の合意は、その
　　　裁判所が法律上又は事実上裁判権を行うことができないときは、これ
　　　を援用することができない」

　　なお、他国における国際裁判管轄合意の有効性は、当該他国の訴訟手
続法によることになります。ここまでの調査は難しい場合がありますの
で、管轄合意が契約書にある場合には、当該管轄合意が有効であること
を前提とした場合を念頭に置いて、相談に応じることもあり得ます（た
だし、通常、有効性が否定されるケースは実務上多いとはいえないと思
われます。）。

ウ　また、仲裁合意がある場合には、多くの一般の弁護士は当該手続につ
　き（仲裁地が日本である場合も含め）、十分な実務経験がないと考えら
　れます。この場合には、仲裁案件を扱う事務所への紹介等も検討すべき
　です。

　　なお、仲裁や仲裁条項の考え方については、参考文献の1つとして、
シティーユーワ法律事務所編前田葉子編著石森博行＝小尾重樹『Ｑ＆
Ａ法務担当者のための国際商事仲裁の基礎知識』中央経済社（2018年）
〔前田葉子〕1-30頁を紹介します。

（2）裁判管轄合意等が存在しない場合（国外での訴訟等が見込まれる場合）

　この場合には、繰り返しますが、交渉段階であるのか、相手方（本ケース
では当該フランス法人）が国内の手続も視野に入れているのかを踏まえて検
討することになります。仮に、外国法人が、国内の法律事務所の代理人から
通知がなされた場合には、この問題について、国内で訴訟が現実になされる
ことも検討しなくてはなりません。

　管轄合意等が存在しない場合に、日本に国際裁判管轄が認められるか否か
は、平成24年4月1日から施行された改正民事訴訟法において、立法化され
ています。

　本ケースでは、仮に相談者が被告となれば、民事訴訟法3条の2（被告住
所地管轄）や3条の3第3号（財産権上の訴えの場合の、財産所在地）が認
められています（なお、民事訴訟法3条の2は、立法化の前から原則として

認められる一般的な管轄原因です。）。そこで、このような場合には国内での手続の可能性があり得ることを説明することになります。国内での応訴対応は、後述する準拠法の問題を除いては、日本法に基づき行うことになります。

なお、国際裁判管轄が認められない場合であっても応訴管轄が認められ得ます（民事訴訟法3条の8）。

（3）国外での訴訟等

ア　国外での訴訟や法的手続が検討される場合、①当該国外で応訴対応をするか否か、②（我々日本の弁護士には代理資格がないことから）①の方法の可否・そのような相談が可能な法律事務所の紹介を行うことになります。この際、継続的に相談を受け、又は、国内での対応を行う場合には、委任契約書（ないし委任状）における委任事項に活動する範囲を具体的に（限定的に）記載する必要があります。

イ　また、将来的な説明として、仮に外国判決が日本国内で承認される場合の要件（民事訴訟法118条各号）についても検討しておく必要があります。なお、外国裁判では、日本の裁判と送達の方法が異なるので、相談者が知らない間に送達扱いになり、外国における訴訟手続が相談者の認識と異なるうちに進むおそれもあります（特に、法務に特化する部署のないものの、外国と取引がある中小企業の場合を念頭に置いています。）。

継続的相談関係が相談者との間にある場合には、送付書面についても都度確認を行い、依頼者の意向によっては、当該外国訴訟手続について対応できる事務所へつなぐことも必要です。

3．日本において適用される法（準拠法）について

（1）はじめに

ア　仮に、日本に国際裁判管轄が認められ、日本国内で訴訟となる場合、取引行為に基づく損害賠償につき、どの国・地域のルールによるか（準拠法）が問題となります（なお、不法行為に基づく損害賠償において

も、同様の問題が生じ、通則法によって準拠法を決定していくことにな
りますが、ここでは割愛します）。

イ　まず、基本的な考え方として、当事者が準拠法をどの国・地域のルー
ルにするか合意をしている場合には、当該合意した法によることになり
ます（通則法7条）。例えば、契約書等で日本法が契約に関する一切の
問題に関する準拠法として合意されているような場合には、日本法とな
り、それが外国法であれば当該外国法になります（第三国の法でも構い
ません。）。なお、本ケースについては、下記（2）の問題が生じます。

　　また、書面による合意がない場合でも、口頭での合意、黙示の合意が
認められる場合には、当該合意に基づき準拠法が判断されます。

ウ　仮にそのような合意がない場合については、通則法8条以下の定めに
基づき、賠償問題に関する準拠法が決定されます。同条2項において
は、「法律行為において特徴的な給付を当事者の一方のみが行うもので
あるときは、その給付を行う当事者の常居所地法……を当該法律行為に
最も密接な関係がある地の法と推定する」という規定があります（これ
は「特徴的給付の理論」に基づく立法です。）。そして、売買契約の場合
は、売主の商品の給付が特徴的給付になることから、日本法が（反証の
ない限り）準拠法として推定されることが考えられます。

（2）準拠法→日本や外国の民法でよいのか（国際物品売買契約に関する国
際連合条約について）

ア　通常、当事者が契約内容を定めていれば、準拠法として指定される法
の範囲内で当該契約に基づき、義務違反の有無や賠償額等が決定される
ことになります。そうでない場合は、多くの場合、民法典等の一般法の
適用が考えられます（なお、フランス法のうち、民法（債権法）の邦訳
については、法務省民事局参事官室（参与室）編『民法（債権関係）改
正に関する比較法資料』商事法務（2014年）等も参考になります。）。

イ　しかしながら、本ケースは、国境を越えた事業者（フランス法人と日
本法人）の物品の売買に関する賠償問題です。

　　そして、フランスも日本も、国際物品売買契約に関する国際連合条約

（いわゆるウィーン売買条約）の締約国です。したがってこの問題に関しては、同条約1条（a）（「この条約は、営業所が異なる国に所在する当事者間の物品売買契約について、次のいずれかの場合に適用する。……これらの国がいずれも締約国である場合」）に基づき、上記（1）で述べた通則法による準拠法選択を待たずに、国際物品売買契約に関する国際連合条約が当事者間の義務違反及び賠償の問題を規律するルールとして、日本国内においても適用される可能性があります。

ウ　さらに、準拠法の合意が定められている場合であっても、同条約の適用を回避するには、単に契約書において、「準拠法を日本法（又はフランス法）とする」ではなく、同条約の適用を排除し、かつ日本法とする旨を定めておく必要があることになります。

エ　同条約についても、市販の解説書が多く販売されているところではありますが、条文ごとの解説として杉浦保友＝久保田隆編著『ウィーン売買条約の実務解説〈第2版〉』中央経済社（2011年）等が参考になります。今般、債権法改正が行われ、施行予定です。同改正により、瑕疵担保責任を契約責任に一元化する等、日本民法の売買に関する規定と、同条約との内容差が狭まる箇所もあります（上記参考書16頁以下）。

（望月彬史）

（イ）外国の債務者

Q36

私は、家族のために自宅で使うイタリア製の家電製品をインターネットで検索したところ、イタリアにある会社のインターネットサイトから安く直接購入できることを知りました。そこで、このサイトから早速商品を購入し、商品が届きました。しかし、故障しているのかうまく使用することができませんでした。返品や交換などは請求できるでしょうか。

【解決のポイント】

上記を読んでお分かりのとおり、本ケースでは、そもそも法的なアドバイスをしてどのような意味があるのか（法律上はこういう権利があってできる又はできない、と相談者に伝えて何の意味があるのか。）という点が大きいと思われます。

本ケースの解説の前に、基本的に問い合わせフォームや連絡先の有無、弁護士を通じた法的手続の前に、返品や交換の交渉が可能か、購入時の契約内容（クレームや返品についての定め、購入時にどのような契約に承諾したことになるのか。）等を確認して、対応を検討すべきです。できれば、インターネットサイトを通じたやりとりの可能性を模索すべきです。

読者の方はもうお分かりでしょうが、仮に何らかの手続をとるとしても、法律相談以上の採算性があるのかという問題があります。したがって、これは実務的なケースではありません。机上の話として、外国の債務者に対する債務不履行責任につき、法的な考え方の一例を簡単に説明します。

A

1. はじめに

　当該インターネットサイトでの契約締結の経緯や方法で返品や交換の合意がなされるのかを、場合によっては相談者と一緒にサイトを操作しながら確認することになります（Q35参照）。それを踏まえて、不具合（本ケースでは故障）等の内容を確認していくことになります。

2. 国際裁判管轄について

（1）はじめに

　そもそも日本での法的手続をすべき経済的メリットがあるのかという問題がありますが、日本の司法手続で本ケースの問題を扱えるか否かは、まず国際裁判管轄の有無によります。

　そして、外国のインターネットサイトにおいて、物品を購入する際に同意を求められることが多い取引条件（terms and conditions）や「同意することになります」として表示される定型約款・サイト側の求める契約規定等では、裁判管轄が日本とされていないことが大半です。ただし、管轄合意の日本での有効性については、以下の（3）を参照してください。

（2）他の管轄原因

　管轄合意がない場合には、日本の民事訴訟法3条の2以下の規定で管轄が認められるかが問題となります。

　一般的な管轄原因である被告の住所地管轄については、本ケースではイタリアの会社（イタリア法人）が日本に事務所を有していることはあまり想定されませんし、あったとしても民事訴訟法3条の2第3項の「主たる事務所……」以下の要件に該当するかという問題があります。

（3）民事訴訟法3条の4（消費者事件の管轄）について

　ア　民事訴訟法3条の4第1項は「消費者（個人（事業として又は事業のために契約の当事者となる場合におけるものを除く。）をいう。以下同じ。）と事業者（法人その他の社団又は財団及び事業として又は事業の

ために契約の当事者となる場合における個人をいう。以下同じ。）との間で締結される契約（労働契約を除く。以下「消費者契約」という。）に関する消費者からの事業者に対する訴えは、訴えの提起の時又は消費者契約の締結の時における消費者の住所が日本国内にあるときは、日本の裁判所に提起することができる」と定めています。

　また、当事者間に管轄合意がある場合の、当該合意の有効性と消費者契約についての管轄を定める民事訴訟法3条の4との関係は、同法3条の7第5項を確認してください。消費者の住所地（日本）以外の外国にのみ管轄権を与えるような専属的管轄合意は、民事訴訟法3条の7第5項1号により、無効とされることになります。

イ　民事訴訟法3条の4は、事業者と消費者との契約について、消費者保護の観点から、消費者の住所地が日本国内にある場合に裁判管轄を認めるものです。そして、「消費者」と「事業者」との契約で、「消費者」が原告となって「事業者」を訴える場合で、契約締結時又は訴え提起時に「消費者」の住所が国内にあれば管轄が認められることになります。

ウ　ところで、上記の「消費者」や「事業者」がどのような者であるかは、どのようにして判断されるでしょうか。これについては、

（ア）この問題は管轄が認められるか否かの判断であり、

（イ）管轄が認められて初めて通則法等の国際私法で適用されるルール（準拠法）が決まり、

（ウ）（イ）の適用の結果によっては日本法が適用になる、という順序である以上、国際裁判管轄（ア）が認められた「後の」問題である通則法（国際私法）（イ）や、準拠法として指定された国・地域の実質法（（ウ）、日本法であれば消費者契約法など）における「消費者」や「事業者」の概念をその前提である管轄判断の際に解釈基準としてよいのか、という問題が論理的に生じます。

　したがって、（イ）の国際私法や（ウ）の実質法の解釈が前提となるのではなく、民事訴訟法3条の4での「消費者」や「事業者」は、日本の民事訴訟法独自の解釈問題として決定されると考えられます。

では、日本の民事訴訟法上の「消費者」や「事業者」はどのようなものでしょうか。消費者については個人であること、若しくは事業として又は事業のために契約の当事者となっていないことが認められればよく、事業者は法人等であるか又は契約の事業性（業として又は事業のために契約の当事者となっているか。）が認められればよいことから（小林秀之編集代表『国際裁判管轄の理論と実務―新設規定をめぐる裁判例・学説の検討と解釈』新日本法規出版（2017年）〔小田敬美〕154-155頁）、本ケースでは、日本における国際裁判管轄が生じ得ることになります。

なお、上記（イ）及び（ウ）それぞれの概念でも、本ケースの当事者は消費者や事業者であり、消費者契約に該当するものと考えられます。

（4）小括

しかしながら、仮に国際裁判管轄が本ケースのような事案で肯定されても、①被告が外国法人である場合の送達の問題や、②①が奏功しても、応訴せず欠席判決となった後の執行の難易及び費用との兼ね合いを考えると、法的手続のハードルは生じます（もっとも、国内の債務名義さえとれればよいという特殊なケースは別です。）。

3．日本ではどのような国・地域のルールが適用されるか（準拠法）

（1）本ケースは、物品の売買契約に基づく請求（返品、交換ということですから、契約の債務の履行（債務の本旨）を求めています。）が問題になっています。まずは、Q35同様、契約に基づく責任ですので、通則法7条以下で準拠法が決定されます。

準拠法合意の有無を確認し（明示であれ黙示であれ）、合意が認められればその合意した法により決定しますので、イタリア法が準拠法となるケースも考えられます。

また、本ケースは、事業者同士の物品の売買ではありません。したがって、国際物品売買契約に関する国際連合条約は適用されません（日本もイタリアも当該条約の締約国ですので、事業者同士の場合には、国際私法による準拠法を決定するルートを経ずに（当事者が契約で適用を除外しない

限り）同条約が契約に基づく責任につき規律する場面が生じます。）。

（2）しかしながら、本ケースは、通則法（日本の国際私法）上も消費者契約であると考えられます。

上記（1）で述べた準拠法の合意がある場合及び合意がない場合の推定規定等を含め、消費者契約に関する準拠法の決定方法については、通則法11条以下で消費者契約についての特則を定めています。

ア　まず、通則法11条1項は、当事者の合意した準拠法が消費者の常居所地法以外の法である場合であっても、消費者がその常居所地法中の特定の強行規定を適用すべき旨の意思を事業者に対し表示したときは、当該消費者契約の成立及び効力に関しその強行規定の定める事項については、その強行規定をも適用する旨を定めています。

当該強行規定は日本の消費者保護に係る各種法令（消費者契約法上の強行法規）になります。履行請求とは直接関係ありませんが、契約の準拠法がイタリア法であったとしても、有効性の判断につき、消費者契約法の適用が問題となり得ます。

イ　次に、通則法11条2項では、当事者の準拠法の合意がない場合には、同法8条の推定規定にかかわらず、消費者の常居所地法によるとしています。本ケースのような場合では、純粋に日本法が適用されるケースが生じます。

ウ　通則法11条3項及び4項は、契約の方式に関し、アと同様に消費者の常居所地法中の強行規定（3項）及び常居所地法（4項）の適用される場合を定めるものです。

エ　通則法11条5項は契約の方式につき消費者の常居所地法を適用する場合を、同条6項は1項ないし5項の適用除外を定めています。

オ　したがって、本ケースに即していえば、日本法上履行請求につき、当事者に有利な規定があり、それが強行法規である場合や、準拠法合意がない場合には、日本法上の主張を行うことを検討することになり、これは国内一般の消費者事件と類似することになります。

（望月彬史）

イ　不法行為責任

（ア）外国の債権者

Q37

　私の会社が日本で販売している商品が、会社の知らないところで米国に輸出されていたようです。米国のミズーリ州でこれを購入した顧客が自社商品を使用したところ、商品から出火する事故が起こり、やけど等の怪我をしたようです。商品の製造元である我が社にも被害者から賠償請求がきています。賠償責任の有無や範囲、賠償金額についてはどのように判断すればよいでしょうか。

【解決のポイント】

　Q35では、外国の債権者からの契約責任の問題について、仮に国内での法的手続がなされる場合には日本に国際裁判管轄が認められる可能性があることを前提に、国際裁判管轄の有無や契約責任につきどの国・地域のルールが適用されるか（準拠法）という説明しました。

　そこで、本ケースでは、契約外の賠償責任（法定債権としての賠償請求権）、特に製造物責任の問題について述べます。

A

解説

1.　はじめに

　まずは事情の確認から行うことになります（Q35参照）。商品・実際の流通過程（相談者が把握している限りであっても）、現在の「請求」の内容・程度（どのような書面できているのか、相手方の法的手続に関する意向、予定等が看取できるか。）を確認することになります。

　また、請求に対し、事実レベルで争うのか、そもそも直接の対応をするか否か等もそれを踏まえて、Q35同様、①国内での法的手続につき受任するの

か、②交渉も含め受任するのか、③別の法律事務所等を紹介するのかといった点を検討することになります。

2．国際裁判管轄について

あくまでも、相手方の請求が日本国内での法的手続も念頭に置いている場合には、日本の民事訴訟法3条の2以下の規定で管轄が認められるかが問題となります。本ケースにおいて、相談者を被告として被害者が訴訟を提起するのであれば、一般的な国際裁判管轄原因である民事訴訟法3条の2（被告の住所地管轄）により、国際裁判管轄が認められることになります。

また、本ケースは、製造物責任が問題となります。民事訴訟法には製造物責任特有の管轄原因は設けられていませんが、不法行為の類型の1つとして、不法行為の訴えに関する管轄原因である民事訴訟法3条の3第8号で管轄が認められるかが問題となります。いわゆる「不法行為地」の考え方についてはQ38のとおりです。

なお、製造物責任の場合には、製品が流通する以上、加害行為が行われたとする場所と、不法行為による結果の発生地が異なりますし、後者については予測ができないという問題があります。また、本ケースのような製品の製造・出荷が日本で発生した事故が海外という場合ではなく、海外での加害行為により日本で結果が発生した場合については、民事訴訟法3条の3第8号は、予見可能性を要件として、国際裁判管轄につき制限を加えています。

3．日本ではどのような国・地域のルールが適用されるか（準拠法）

（1）はじめに

本ケースは、契約を原因としない法定責任である製造物責任（ないし不法行為責任）に基づく請求が想定されます。製造物責任に関する問題については、「不法行為」の問題として、通則法17条以下により、準拠法が決定されます（17条以下による準拠法決定の方法については、Q38を参照してください。）。

（2）製造物責任に関する特則（通則法18条）

ア　通則法18条は、「生産物責任」について、以下のとおり特則を設けています。

「前条（注：通則法17条）の規定にかかわらず、生産物（生産され又は加工された物をいう。以下この条において同じ。）で引渡しがされたものの瑕疵により他人の生命、身体又は財産を侵害する不法行為によって生ずる生産業者（生産物を業として生産し、加工し、輸入し、輸出し、流通させ、又は販売した者をいう。以下この条において同じ。）又は生産物にその生産業者と認めることができる表示をした者（以下この条において「生産業者等」と総称する。）に対する債権の成立及び効力は、被害者が生産物の引渡しを受けた地の法による。ただし、その地における生産物の引渡しが通常予見することのできないものであったときは、生産業者等の主たる事業所の所在地の法（生産業者等が事業所を有しない場合にあっては、その常居所地法）による」

イ　同条の「生産物責任」がどういうものであるかについては、日本の実質法である製造物責任法上の「製造物責任」とは異なり、通則法（日本の国際私法）の立場から、解釈・決定されることになります。

ただし、通則法18条にいう「生産物」は製造物責任法の製造物よりも広く、後者を包含する関係に立ちますし、本ケースでは相談者は同条の「生産業者等」であると考えられます。そこで、本ケースにおいて、被害者が相談者に対し、製品の不具合で賠償を求めるのであれば、「生産物責任」の問題として通則法18条により準拠法が決定されることになります。

ウ　通則法18条は、生産物責任について以下のように準拠法を決定する旨を定めます。

（ア）被害者が生産物の引渡しを受けた地の法

（イ）上記（ア）における生産物の引渡しが通常予見することのできないものであったときは、生産業者等の主たる事業所の所在地の法（事業所を有しない場合は常居所地法）

　　なお、通則法18条で定まる準拠法については、同法20条ないし22条の例外規定も適用されます。ですから、外国法が準拠法となる場合であっても、同法22条により、日本法により賠償責任が生じる必要があります（したがって、米国のような懲罰的損害賠償制度については、現時点では同条により認められないことになります。）。

エ　まず上記ウの（ア）においては、生産物の引渡地の法を準拠法とする旨を定めています。同条の「引渡しを受けた地」は、被害者が他人から生産物の占有を取得した地とされます。また、商品が正規の流通経路か否かを経ているか、市場の流通を経ているかは問題とならないものと考えられています（櫻田嘉章＝道垣内正人編『注釈国際私法（1）』有斐閣（2011年）〔佐野寛〕472-473頁）。

　　占有とは、法的に占有を取得した地をいいます。本ケースでは、被害者がミズーリ州で製品を他人から購入したのであれば（占有取得地の）ミズーリ州法、被害者が別の人に購入を依頼し、別の人が米国の他の州で購入し取得した場合には（第三者による占有が認められるのであれば）当該別の州法が準拠法となり得ます（米国においては、不法行為法は、各州が立法権限を有しています。）。

オ　次にウの（イ）です。ここでは、生産物（製造物）の引渡しの予見可能性が問題となっており、予見可能性がない場合には、生産業者の主たる事業所地の法が準拠法となるとしています。本ケースでは相談者は日本の企業でしょうから、生産物の引渡しにつき予見可能性がない場合には、日本法が準拠法として適用されることになります。

　　ここで、「予見可能性」がどう判断されるのかが問題となります。注意すべき点は、相談者（製造者）が米国内での被害者への製品の引渡しを実際に予見できたか、という主観的事情ではなく、客観的事情から判断されます。業者の規模、商品の性質、出荷数、流通方法、転売可能性等の各事情が考慮され、決定されることになります。例えば、生産個数が膨大であり、どの国や地域でも等しく利用がなされる商品と、日本人が日本でしか使わない製品で、製造数も少なく、日本語のみのインター

ネット等で日本国内にのみ発送する方法で販売される商品とでは、予見可能性は異なるはずです。

（3）その他

　製造物責任の準拠法については、通則法22条がありますので、日本法上認められない賠償制度や賠償責任は認められません。したがって、準拠法が外国法であっても、まずは日本法上製造物責任が認められるか、何を争うのかを検討することが重要です。

（望月彬史）

（イ）外国の債務者

Q 38

シンガポールに海外旅行に行った際、参加したバスツアーで、バスが交通事故を起こし、骨折をしてしまいました。日本に帰国した後も病院に通院して治療を受けており、可動域制限等の後遺障害も残りそうです。損害賠償の責任についてはどうなるのでしょうか。

【解決のポイント】

　まず、バスの事業者やバスツアーの契約主体がどの国の法人で、日本とどのような関係をもつか確認します。これらの事情を確認のうえ、日本での国際裁判管轄や執行可能性が認められなければ、法的判断をアドバイスする実益がどこまであるか問題となります。むしろ、そのような場合には、保険による損害てん補の可能性を検討する方がよいかもしれません。

　また、本ケースでは、契約責任（（準）委任契約ないしツアーの催行契約に基づく責任）の問題も生じ得ます（ツアー契約で国際裁判管轄ないし紛争処理機関についての定めや契約に適用される国・地域のルール（準拠法）についての定めがある場合もあります。）が、ここでは不法行為責任の判断の方法に関して説明します。

A 解説

1．国際裁判管轄

　（1）不法行為主体（不法行為の加害者）に対し、相対で賠償交渉を行うことができない、又は、交渉で解決ができない場合には、法的手続の利用により解決を図ることになります（本ケースではツアー中の事故とのことですが、一般的に国境を越える事故の事案で、裁判外紛争処理手続

を当事者双方が利用するようなケースはあまりないと考えられます。）。

（2）そこで、本ケースのような場合で、日本で法的手続をとる場合には、日本国内で裁判所が管轄を持つか、国際裁判管轄が問題となります（シンガポールでの手続を行う読者の方はあまりいないと思われます。）。

ア　まず、少なくとも加害者が日本国内に住所を持っていれば、訴訟についても民事訴訟法3条の2第1項に該当することが大半ですので（（訴えの相手方の）「……住所が日本国内にあるとき、住所がない場合又は住所が知れない場合にはその居所が日本国内にあるとき、居所がない場合又は居所が知れない場合には訴えの提起前に日本国内に住所を有していたとき（日本国内に最後に住所を有していた後に外国に住所を有していたときを除く。）は、管轄権を有する」とされています。また、法人の場合については同条3項に該当しますので管轄は問題がなさそうです。

イ　しかしながら、本ケースの場合で、海外にいる加害者（ないし責任主体）を訴える場合には、上記アの管轄原因がないことが考えられます。そこで、同法3条の2ないし3条の9に定める管轄原因に該当するのかを検討する必要があります。

　　そして、不法行為に関する訴えの国際裁判管轄の規定としては、同法3条の3第8号に定めがあり、「不法行為があった地が日本国内にあるとき（外国で行われた加害行為の結果が日本国内で発生した場合において、日本国内におけるその結果の発生が通常予見することのできないものであったときを除く。）」と規定されています。

　　本ケースでは、①シンガポールで事故が起こっているものの、②被害者が事故後日本国内で通院しており、国内で治療費等の損害が発生しています。そこで、同法3条の3第8号の「不法行為地」（及び同号括弧書）の解釈が問題となります。一般的に、この「不法行為地」には加害行為地と結果発生地があると考えられております。そして、後者は、不法行為の直接的な損害が発生した地であり、経済的損害が二次的・派生的に発生した地は含まれないと考えるのが多数説（小林秀之編集代表

『国際裁判管轄の理論と実務―新設規定をめぐる裁判例・学説の検討と解釈』新日本法規出版（2017年）〔藪口康夫〕134頁）とされています。

　　したがって、本ケースでは、直接的な損害は事故による受傷であると考えられることから、管轄が肯定されない可能性があります（ただし、同様の下級審裁判例があるものの、この問題について確定した最高裁判例はなく、ほかの見解もあります。）。

（3）さらに、仮に国際裁判管轄の問題がクリアできるとしても、回収の要否（執行の問題）があります。国内に財産があれば格別、そうでない場合はどうするのか、という点も含め、手続の可否をアドバイスする必要があります。

　　なお、国内の手続により債務名義を得ても国内に財産がないような場合本ケースではシンガポールで執行することを検討します。シンガポールにおいては、日本が同国の Reciprocal Enforcement of Commonwealth Judgement Act の3条 及 び Reciprocal Enforcement of Foreign judgements Act　3条に定める国及び地域（前者は英連邦諸国、後者は香港です。）に該当しないため、シンガポール国内においては、コモンロー法に基づく執行を申請することになります。そこまでの手続をどのようにするのか、費用、現地専門家へのアクセスについては、専門的に扱う弁護士ないしは弁護士事務所でないと難しい問題があります。

2. 日本で国際裁判管轄が認められた場合の不法行為に関するルール（準拠法）について

（1）準拠法について

　まず、日本に国際裁判管轄が認められた場合、シンガポールで起きた事故（不法行為）について、どの国・地域のルールが適用されるか（準拠法）について確認します。

　　ア　まず、通則法17条においては、「不法行為によって生ずる債権の成立及び効力は、加害行為の結果が発生した地の法による。ただし、その地における結果の発生が通常予見することのできないものであったとき

は、加害行為が行われた地の法による」と定めており、基本的に結果発生地の法律が適用されます（本条にいう「加害行為の結果が発生した地」（結果発生地）については、以下（2）で述べます。）。

イ　ただし、通則法は22条1項において、不法行為について外国法によるべき場合において、当該外国法を適用すべき事実が日本法によれば不法とならないときは、当該外国法に基づく損害賠償その他の処分の請求をすることができないと定めているため、準拠法が外国法の場合にも、日本法上、当該行為につき不法行為が成立する必要があります。

ウ　また、上記において外国法が準拠法となる場合でも、不法行為の当時において当事者が法を同じくする地に常居所を有していたこと、当事者間の契約に基づく義務に違反して不法行為が行われたことその他の事情に照らして、17条以下で適用される準拠法より適用すべき法の属する地よりも密接な関係がある他の地があるときは、その地の法によることになります（通則法20条）。

エ　当事者による準拠法の変更も可能です（通則法21条、ただしそのようなケースはあまり多くないのだろうと思われます。）。本ケースにおいて、ツアー契約当事者や加害行為者の雇用者が日本法人であり、ツアー契約が日本法であるような場合には、準拠法を日本法として、判断を求めることも検討されます。

（2）結果発生地について

上記1（国際裁判管轄）においても、民事訴訟法3条の3第8号不法行為地の解釈が問題となりました。他方、通則法17条に定める結果発生地についても、本ケースでは同様に解釈が問題となります。

そして、結果発生地については、現実に財産権や人の身体・健康などの不法行為の法益侵害の結果が発生し、不法行為の要件が充足された場所（櫻田嘉章＝道垣内正人編『注釈国際私法（1）』有斐閣（2011年）〔西谷祐子〕444頁）をいうものと解されています。

直接的な結果が発生した地に限定されることから、派生的な損害（治療費や慰謝料等）の発生した地を含まないことになります（いずれの地で治療を

行うのかは被害者の選択に任されているとするものとして、奥田安弘『国際財産法』明石書店（2019年）118頁。）。したがって、本ケースではシンガポールの法（不法行為法等）が不法行為の準拠法として適用されます。そして、既に述べたとおり、通則法22条1項により、日本の民法709条においても不法行為の要件を満たす必要があります。

（3）賠償額の算定

ア　では、損害賠償の算定はどのように判断されるでしょうか。これは、不法行為準拠法によると解されています。本ケースでは、シンガポール法によることになります。

イ　通則法22条1項は、不法行為の成立の成否につき、日本法が適用されるとするものであり、損害額の算定の問題には適用されません。

　　また、通則法22条2項は「不法行為について外国法によるべき場合において、当該外国法を適用すべき事実が当該外国法及び日本法により不法となるときであっても、被害者は、日本法により認められる損害賠償その他の処分でなければ請求することができない」と定めています。

　　しかし、同項の「日本法により認められる損害賠償その他の処分」は、通則法17条によって適用される準拠法により算定した賠償額を、どのような方法・金額で賠償するかという問題につき、日本法も適用する趣旨であると考えられていいます（例：ある国の法では謝罪や金銭以外の提供がなされることになるが、日本法では損害賠償のみである場合、日本法が適用されることになります。）。

ウ　なお、不法行為準拠法であるアルゼンチン法による賠償額の算定では賠償額が極めて低額となる事案で、同法を公序（通則法41条）により排除し、日本法を適用した事例（福岡高判平成21・2・10判時2043号89頁〔28152090〕、国際私法判例百選〈第2版〉39事件〔高杉直〕）は賠償額の算定につき、上記見解に立つものです。

（望月彬史）

4 契約法

（1）契約条項の定め方

Q39

顧問先の会社から、「米国企業の製品の部品製造を受注することに
なったのだが、外国の会社と契約をするのは初めてのことなので、
契約書を作成するうえでの注意点を教えてほしい」との相談を受けました。
どのようにアドバイスをすればよいでしょうか。

【解決のポイント】

　国際的な取引においては、種々の場面で国内での取引とは異なった配
慮を要する場合があります。ここでは、一般的な製品の製造販売契約を
題材に、①当事者の確認、②使用言語、③準拠法及び管轄の合意、④危
険の移転、⑤相手方債務の履行確保、⑥債務不履行への対応の各項目に
ついて解説していきます。もっとも、契約が相手方との合意である以
上、こちらがインセンティブをもって契約の内容を確定できるとは限り
ません。契約における当事者の関係やニーズ等により、事実上相手方の
提示する条件を受け入れるか契約をやめるかのいずれかの選択しかでき
ない場合も少なからずあります。そのような場合においても、相手方が
提示してきた条件に潜むリスクをしっかり分析したうえで契約を締結す
るか否かを判断することが重要です。

A

解説

1．当事者の確認

　外国企業との取引を初めて行う場合、相手方が実在する会社であ
るか、交渉相手が会社の代表権原を有しているのかという点は、国内の企業
を相手とする場合以上に慎重な調査が必要となります（この前提として、当

事者との交渉等の際の資料が複数ある場合において、当事者の表記にぶれがないかも確認が必要です。）。簡易的な方法としては、検索エンジンで当該企業を検索することが考えられます。また、各国の証券取引所に上場している企業であれば、インターネット上から開示情報を入手できる可能性があります。この場合には、相手方の経営状況に関する資料も入手可能であるため、相手方の信用調査としても有用です。これらの外国企業情報の調べ方については、出版物によるものも含め国立国会図書館HP内に掲載されているもの[1]のほか、中国の企業については、国家工商行政管理局HP[2]でも検索することができます。

　これらの媒体で情報が入手できない場合には、現地法律事務所を介して調査を実施することになります。ただし、小規模な外国企業との取引であれば、費用の面で実施が難しいことも考えられ、その場合にはトラブル回避のために、さらなる契約交渉には踏み込まないことも検討しなければなりません（なお、当事者双方で、契約に際し、法人を証する書類が開示できるかという点もありますが、小規模な取引においてもそれを行うかは検討されるところです。）。

2．契約書で使用する言語

　外国の企業との契約においては、契約書をいずれの言語で作成するかが問題となります。日本企業の立場からすれば日本語での作成を要望することにはなりますが、これについては相手方とのパワーバランスで決まるといわざるを得ません。共通言語としての英語を使用するのも1つの方法です。

　さらに、現地当局に契約書の提出が必要な場合[3]等には、複数言語での契約書が作成される場合があります。このような場合には、当該複数言語の契約書の間で、細かなニュアンスの違い等によって意味内容が異なり、合意対象の認識に齟齬が生じるリスクがあるため、契約の原本となる言語を確定し、契約書の条項に落とし込んでおかなければならないので、注意が必要です。特に、契約書の言語を英語として、準拠法を日本法とするような場合には、日本語の法律用語についての英訳が必ずしも他方当事者に当該日本語の

意味・解釈として認識されない場合があります（これは、言語による問題に加え、法系の問題も背景に存在します。）ので、契約書の原本の使用言語は準拠法で指定した国の公用語とするのが望ましいと考えられます。また、当事者間での意味・解釈のすり合わせは慎重に行う必要があるとともに、定義規定を設けるといった工夫も大切です。

　上記で述べた言語による解釈リスクの問題に加え、有効性リスクも一部の国家においては存在します。インドネシア法人とインドネシアの裁判所での管轄合意を行う、又は同国内の仲裁機関を紛争解決機関とする仲裁合意を行う場合には、同国ではインドネシア語での契約がないと当該契約の有効性を否定されるおそれもあります[4]。

｜ 3. 準拠法及び管轄の合意

　契約条項について検討するためには、当該契約の準拠法を確定しておく必要があります。そして、準拠法確定のためには、適用される抵触法を確定しておく必要があり、国際裁判管轄を確認しておかなければなりません（もちろん、紛争が発生した際の負担を把握する意味でも重要です。）。

　多くの国では、契約に際して適用されるルール（準拠法）をいずれの国・地域の法にするかについて「当事者が選択した法による」という国際私法のルールを有しています。日本も通則法7条以下に同様の定めがあります。したがって、管轄にかかわらず、ある準拠法を合意すればよいことになります。しかしながら、実際には、管轄合意地によっては、裁判制度や裁判官の質、外国法を事実の問題として当事者の主張立証に委ねるのか、裁判所が独自に適用するのか等の違いがあります。また、そもそも民事（契約）関係において準拠法指定を認める法規を有しない国[5]もあります。

　国際的な契約の場合には、専属的な管轄合意の条項が設けられるのが一般的ですが、法定専属管轄によって合意管轄が排除されることがある（そもそも管轄合意で指定された国の国際民事訴訟法上、合意管轄を認めていない可能性も排除できません。）ため、管轄合意の条項を設ける場合にも、一応の検討が必要です。また、管轄地の設定につき、こちら側としては日本の専属

的な合意管轄を設定することが有利であることが多いと思われますが、これについても相手方とのパワーバランス、執行の際の財産や契約の義務の履行の重心などの事情によらざるを得ないことになります。

上記により国際裁判管轄が認められ得る国が確定した場合、各国の国際私法の規定により、契約の準拠法が、一次的には当事者間の意思で明示した国の法と定められている場合には[6]、契約において明示に合意した国の法が準拠法となります。これについても、日本法によるとの合意ができるかは、交渉の帰すう次第といわざるを得ません。

なお、国際的な物品の売買契約について、統一法の策定を目指す潮流の中で、現在多くの国が国際物品売買契約に関する国際連合条約（いわゆる「ウィーン売買条約（CISG）」です。）の締約国となっています。そして、今回の事例のように、同条約の異なる締約国に営業所を有する当事者間の物品売買契約については、同条例の規定が原則として当然に適用されるものとされています[7]（同条約１条(1)(a)）。今般の日本民法の債権法改正により、日本法の内容（特に債務不履行責任、瑕疵担保責任、解除に関する内容）が同条約の規定[8]に近接したことから、同条約によることも１つの方法です。逆に、当事者が、同条約の適用を排除して（同条約６条）、締約国の国内法を適用したい場合には、同条約の適用を排除する旨を準拠法設定の条項に明確に記載する必要があります。つまり、国際的な物品売買契約では、単に「…契約の準拠法を日本法とする」という定めでは、同条約の適用が排除されたと認定されない（例外はあります。）可能性があるということです。

また、国際的な取引全般に関する統一的な準則として、比較的広く通用しているものとして、民間団体である私法統一国際協会が策定した「ユニドロワ国際商事契約原則（PICC）」[9]があります。当事者間で適用に合意した場合には同原則が適用される[10]ほか、各国法の重要な解釈指針として位置付けられ、特に仲裁判断において援用されることがありますので、契約条項の内容解釈においては配慮が必要になります。

┃ 4. 危険の移転

国内契約においても売買契約の債務の履行の過程で製品の滅失や毀損等が判明した場合におけるリスクの負担については条項で記載されるのが一般的ですが、国際取引においては、海上運送や航空運送を利用する必要があるうえ、運送の期間も長期に及ぶこと等の種々の理由により、債務の履行の過程で製品の滅失や毀損等のリスクは格段に大きくなります。また、日本の国際私法では、危険負担の問題は、当事者が別途準拠法を定めるか、契約内容で合意しない限りは、売買契約の準拠法によると解されています。売買契約の内容如何によっては、危険負担の問題は契約解釈の問題とされ、内容の把握に困難が生じる結果、紛争化するおそれもあります。そのため、危険の移転時期に関する定めは、国内取引以上に重要な意味を持ちます。さらに、滅失や毀損等が生じた場合における損害金額や運送のための手続費用も比較的多額に及ぶことが多く、損害保険の付保及びその他の輸出入に必要となる費用負担についても明確に定められることが一般的です。

これについては、国際物品売買契約においては、定型の取引条件として国際商業会議所によって作成された貿易取引条件の解釈に関する国際規則（いわゆる「インコタームズ」）が広く利用されています。インコタームズでは、11種類の提携の取引条件が定義されており[11]、当事者がその中から特定の定型取引条件に従うことを合意することで契約の内容となります。

なお、危険の移転時期を設定する大前提として、製品の品質については、当事者間で綿密にすり合わせておく必要があります。国際的な取引では、それぞれの国の商慣習の違いから、製品の毀損の有無をめぐってトラブルとなることも多くなります。すり合わせた内容については、契約書ないしは別途の確認書で明確にしておくことが望ましいことになります。その際には、当該契約書ないし確認書以外の合意内容は効力を有しないとする条項（完全条項）を設けることが多いです。加えて、双方当事者の国の公法的規制の遵守についても確認しておくこと（日本企業側が相手企業の指示する内容で製品の製造販売をする場合においては、現地の公法規制の不順守については、日本企業側は責任を持たないことを明記することも考えられます。）も重要と

なってきます。

5．相手方債務の履行の確保

国際取引においては、距離的離隔が大きいことも手伝って、一方的に債務を履行したものの相手方が債務を履行しないというトラブルが生じることは多いといえます。また、初めて取引を行う外国企業に対しては漠然とした不安を抱く当事者も多いのではないかと思われます。実際に相手方が不履行を行った場合に、強制執行等の手続により、履行を強制することは国内取引以上にハードルが高くなります。そこで、相手方の債務の履行をあらかじめ確保する方策をとることが大切であり、本ケースでは、適切な代金の決済方法を合意しておく必要があります。

そのための方法として、しばしば利用されているのが荷為替信用状による決済となります。荷為替信用状による決済をごく簡単に説明すると、次のとおりです[12]。①買主が取引銀行（A銀行）に信用状の発行を依頼し、依頼を受けたA銀行は、売主に対し、現地の銀行を通じて信用状を交付します。②売主は、自己の取引銀行（B銀行）から、当該信用状と船積書類を添付した手形（荷為替手形）の割引を受けることで代金を受領します。③B銀行は信用状を発行したA銀行から荷為替手形の引受けを受けます。④買主は、手形の支払いを行うことでA銀行から船積書類の交付が受けられ、船積書類と引替えに運送業者から製品を受領することができます。逆に言うと、買主は代金の支払いをしない限り、製品は受領できないことになるため、相手方の履行確保に役立つことになります。このような荷為替信用状による決済を行う場合、国際商業会議所による「荷為替信用状に関する統一規則及び慣例」（いわゆる「信用状統一規則」）が適用されます。信用状本文に統一規則が盛り込まれることが条件となりますが、多くの場合これを採用しています。日本の銀行が発行する信用状については一括採用されています。

上記荷為替信用状での決済方法をとる場合には、契約書上でも、適切に各当事者の各段階での義務内容とその期限を設定することになります。

6．債務不履行への対応

　国際取引においては、仮に合意管轄等を明記したとしても、実際に訴訟を提起し、相手の財産を換価して債権を回収することは極めて困難です。そのような紛争を解決する1つの方法として仲裁合意による方法が考えられます（詳しくはQ40を参照してください。）。

　また、第三者との間に生じ得る紛争にどちらがどこまで対応すべきかについても、あらかじめ合意をしておくことが望ましいといえます。典型的な事例としては製造物責任が挙げられます。そのほかにも、例えば、特許権について相手国での独占的なライセンスを相手方に付与する場合において、相手国に所在する他人が特許権を無断使用していることが判明した際に、自身と相手方とのいずれかがイニシアティブをとって無断使用に対する第三者への差止請求を行っていくのか、どのような役割分担をするのかについて事前に定めておく必要があります。というのも、相手方に任せきりにしてしまえば不適切な権利行使を相手方が行い、無用なトラブルに巻き込まれることになりますし、一方で、自身がすべてを担うこととしてしまうと、相手国での対応のために莫大な費用を費やさなければならなくなってしまう（もし放置すれば相手方への債務不履行を構成してしまいます。）ことになりますので、安易な規定を設けることは回避すべきです。

（正畠大生・望月彬史）

1　https://rnavi.ndl.go.jp/research_guide/entry/theme-honbun-102126.php

2　http://www.samr.gov.cn/

3　知的財産権のライセンス契約が含まれている場合等が考えられます。また、今回の事例からは離れますが、企業再編に関する契約においても届出等が必要となる場合があり得ます。現地当局への提出のほかにも、取引の都合により取引銀行に提出をしなければならない場合にも複数の言語で契約書が作成されることはあり得ます。

4　インドネシア法（Law24/2009）31条1パラグラフは、インドネシアの公的機関等及び法人並びに個人が覚書又は合意をする場合にはインドネシア語を用いる義務が定められ、同2パラグラフでは、外国法人が当事者となる場合には、当事者の言語又は英語にもよることとされています（なお、口頭での合意については、同法は直接規定していません。）。この解釈につき、同国の最高裁は、これ以前の同国法務人権省の見解とは異なる判断をしております（1572K/Pdt/2015（2015年10月23日））。これは、米国法人とインドネシア法人のローン契約の事案ですが、インドネシア語で作成されていない合意が同法31条1項違反として有効性を否定（annulled）する下級審判断を維持しています。

5　トルクメニスタンの過去の事例について、https://note.mu/hamamatsu/n/n34f3413cecee。

6　既に述べたとおり、現在は多くの国でそのような規定が採用されており、特に主要国の企業との取引で問題になることはほとんどありません。

7　締約国ではない国に営業所がある当事者であっても、法廷地の国際私法により同条約が適用される場合もあるため（同条約1条(1)(b)を参照）、注意が必要です。ただし、この場合に、契約条項で非締約国を準拠法として指定する条項が存在する場合には、同条約の適用を排除する黙示の合意がなされたものと考えられ、同条約の適用は排除されるものと考えられます（佐野寛『国際取引法〈第4版〉』有斐閣（2014年）103頁）。

8　条約上の当事者の権利義務に関する規定の内容の概略ついては、佐野寛『国際取引法〈第4版〉』有斐閣（2014年）125頁以下を参照。

9　2010年版の翻訳として私法統一国際協会『UNIDROIT 国際商事契約原則2010』内田貴ほか訳商事法務（2013年）があります。

10　これは、日本民法、外国の制定法等とは異なり、国家や地域において承認された法ではありません。したがって、日本でそのような合意をした場合には「当事者が同原則に従うことが契約内容となる」となるものの、準拠法（契約に適用される法）は別途、通則法7条以下で決まることになります。ただし、このような通用性が国家や地域で与えられていない法（原則）についても、日本の国際私法の解釈として、準拠法指定の対象となり得るという見解も存在します。

11　インコタームズ2010の各取引条件の内容については、佐野寛『国際取引法〈第4版〉』有斐閣（2014年）105頁以下を参照。なお、2019年10月29日にインコタームズ2020が発表されており、2020年1月1日より発効となりました。ただし、契約書でそれ以前のインコタームズを使用する合意があれば、それによることも可能です。これは、法律ではありませんのでインコタームズの条件に従うこと自体は契約内容の合意であり、準拠法合意ではありません（商慣習であるのか否かについては見解が分かれます。）。

12　荷為替信用状の仕組みの詳細や法的問題については、佐野寛『国際取引法〈第4版〉』有斐閣（2014年）185頁以下を参照。

（2）仲裁合意の定め方

Q40

このたび、相談者である日本の企業が、英国のある企業と取引をすることになったのですが、相手企業から契約書に仲裁条項を設けたいと言われています。仲裁合意をするメリット・デメリットを教えてください。また、もし仲裁合意を定める場合には、どのようなことを定めておけばよいでしょうか。

【解決のポイント】

　そもそも、一般的な業務を扱う弁護士（町（マチ）弁と呼ばれる弁護士）において、仲裁条項につき、文言の修正・交渉が可能な場合はあまり多くないかもしれません。むしろ日本国内において、判断が仲裁判断と同一の法的効果があるとされる紛争解決手続に関与する機会の方があるかもしれません。

　ただし、仮にそうだとしても、実際の相談では、定める仲裁条項により生じる法的な事項、それに伴う負担等を説明する必要があります。そこで、この手の質問には既に多数の概説書等で解説されているところですが、①メリット・デメリット、②条項として規定する事項とその内容につき、簡単に述べたいと思います。

A 　解説

1．国際取引での仲裁のメリット・デメリット

　これについては、まず、以下に述べるメリット・デメリットは一般論であることに留意する必要があります。つまり、相談者（ないし委任者）の事業規模、国内外の事業所の有無、資産・財産拠点、そのような合意に対応できるだけの人員（法務部や総務部、担当者の語学力）や対応の際の

事務所（相談を受けた弁護士事務所が仲裁手続に関与、代理するのか、他の事務所に委任するのか。）等の各種事情を前提に判断しなければなりません。

　また、中小企業かつ取引額が巨大ではないのであれば、一般論として挙げられた事項について、必ずしもメリットといえないのではないか、ということも生じ得ます。

（1）メリット

ア　審査のスピード

　仲裁による場合、裁判と異なり通常は一審で終局的な解決が図られます。それゆえにある国での管轄合意を定め、当該合意した法廷地の国が三審制を採用しているような場合に比して、解決までのスピードが早い（そしてそのために費用が低い。）ということがあります。

イ　判断者

　裁判官は必ずしも国際取引の実情に詳しいわけではありません。そして、各国の裁判制度の相違から、裁判官の能力や判断にも差があります（国際裁判管轄合意の際にも、そういった事情も契約や両当事者の財産の重心、合意管轄地の裁判制度等に加えて考慮されることになります。）。仲裁については、国際取引の専門家を仲裁人として当事者が選択でき、紛争解決を図ることができます。

ウ　手続の柔軟性・非公開性

　訴訟手続の場合、手続は各国の訴訟法によることになりますが、主張立証責任や主張の扱い、請求に対応する判決が画一的になること等から、訴訟手続内において当事者に合意がみられない限り、最終的にはウノゼロに近い結果（請求の認容又は一部認容若しくは棄却）を生じかねません。仲裁であれば、解決方法も訴訟よりも多様な解決方法が当事者に提供されることになります。

　また、裁判公開の原則を採用する法制の国・地域（日本もこれに含まれます。）で訴訟手続を行う場合、営業上の秘密の保持が保たれるかにつき、懸念が生じます。それゆえ、主張立証に秘密保持の観点からの事実上の制限が起こり得ることもあります。仲裁手続については、非公開

で手続を行うことが可能です。

エ　国境を越えた執行

　　ある国の判決を判決地以外の国・地域で執行する場合には、当該地における国際裁判管轄の問題や承認の可否の問題が生じ、これらはそれぞれの地の法により異なります。国際裁判管轄合意を定める場合には、この点について検討しなければなりません。

　　例えば、日本と中国の間には相互の保証（民事訴訟法118条4号）がないことから、民事訴訟の判決については、日本国内の裁判所の手続において、中国国内で下された判決の承認・執行はできないと解されています。逆に、日本で得た判決を中国で承認・執行することもできないと解されています。

　　また、日本から工場や企業が進出しているマレーシアでは、外国判決の執行が可能な「外国」について旧宗主国である英国及びかつての同国植民地を中心にリスト化しており、そうでない外国の場合には、マレーシアで判決を別途取得する必要があります。インドネシアについても、外国判決の承認執行制度がなく、インドネシア国内で判決（その際の証拠として同国の国外で得た判決が利用される）を取得する必要があります。そして、これらの手続の時間、費用も生じ得ます。

　　仲裁に関しては、「外国仲裁判断の承認及び執行に関する条約」（いわゆるニューヨーク条約（1958年））が存在し、同条約には、現在161か国（又は地域）が加盟しております。上記の中国、マレーシア、インドネシアも加盟国です[1]。したがって、仲裁判断の方が、仲裁地以外においても、執行が広く可能となります。なお、当事者が取引関係にあり、取引を継続する必要から仲裁判断について任意で履行される可能性があることの指摘として、本間靖規ほか『国際民事手続法〈第2版〉』有斐閣（2012年）232頁があります。

（2）デメリット

日本を仲裁地とする仲裁が多くなく、他国の仲裁機関が指定されることが多いこと（そもそも海外での手続を行えるだけの規模の法人にとっては負担

でしかありません。）や、費用についても、実際に仲裁を行う際の費用や代理人弁護士費用等を勘案すると（特に、日本の企業が海外の代理人に依頼をする場合）、規模によってははたして安価といえるのかという問題があります。少なくとも、仲裁の場合、仲裁人報酬や手続で生じた費用はすべて当事者が負担しなくてはなりません。

また、日本の訴訟手続と異なり、専門性のある手続である以上、日本の弁護士によっては、代理人として当該案件を扱うことが適切なのかという点も、我々の視点からは問題となります（仲裁人は非法律家でもよいことから、事実や争点に対する認識、決定の思考過程に差があることも念頭に置かなければなりません。）。

2．仲裁条項として規定されるもの

（1）はじめに

仲裁の執行については、前記のニューヨーク条約がありますが、実際に仲裁を規律する法は、各国により差異が生じます。国連の国際商取引委員会（UNCITRAL）は、個別の仲裁での規則のモデル（UNCITRAL 仲裁規則）を作成、各国の立法のモデルとなる法（1985年の国際商事仲裁に関するUNCITRAL モデル法）を発表しております。

常設の仲裁機関（個別の概説書等を参照してください。）や個別の仲裁体（常設の仲裁機関での仲裁合意ではなく、事件単位で当事者が仲裁人等を決定して行う仲裁をアドホック仲裁といいます。）によっては前者を利用する場合もありますし、日本の仲裁法は後者をモデルとしています。

（2）日本国内での仲裁合意の有効性に関する準拠法、仲裁手続、仲裁判断の準拠法

ア　仮に、日本国内において、ある国際的な仲裁条項（仲裁合意）の有効性が問題となる場合には、どの国・地域の法律で合意の有効性を判断するのか（準拠法）という点が問題になります。この問題に関する国際私法の規定は、日本の仲裁法にあります。当事者が合意した準拠法があればその法により、ない場合には仲裁地の法が準拠法として指定されます

（仲裁法44条1項2号、45条2項2号）。

　日本の仲裁法では、有効性要件として、①合意締結の能力・権限、②「一定の法律関係の民事上の紛争」について仲裁に委ねる合意であること（仲裁法2条1項）、③仲裁に付託することができる紛争（原則として、離婚離縁以外の、当事者が和解できるような民事情報紛争）であること（仲裁付託適格性）、④方式要件（仲裁法13条2項ないし5項）等が問題になるほか、合意の存否（当事者の意思の合致）や妨訴抗弁の不存在（成立した合意の効力が事後に失われているといった場合）などがあります。

イ　仲裁地を日本とする合意がある場合、日本国内における仲裁の手続に適用される法は、原則として日本法になります（仲裁法3条）。

ウ　さらに、仲裁判断の準拠法については、当事者の合意によればその法により、なければ最密接関係地の法、当事者の求めがある場合にはこれらの法ではなく衡平と善によることになります（仲裁法36条1項ないし3項）。ただし、この法がいわゆる特定の国・地域の法に限られるのか非国家法（上記 UNCITRAL による契約法原則のようなルールやソフトロー）も含まれるのかという問題や、合意対象がすべての問題なのか、あくまでも契約債権の問題に限られるのかといった問題もあります（この点については、道垣内正人『国際契約実務のための予防法学—準拠法・裁判管轄・仲裁条項』商事法務（2012年）263-266頁）。

エ　上記アないしウは日本国内で仲裁を行う場合の問題となりますので外国での仲裁や外国仲裁機関で行う場合の準拠法とは異なります。

（3）仲裁条項

　この点については、国際法曹協会（IBA）が公表する、国際仲裁条項ドラフティング・ガイドライン[2]が参考になるとされています。同ガイドラインを参照し、仲裁条項の決定順序や条項を解説する文献としては、シティーユーワ法律事務所編前田葉子編著石森博行＝小尾重樹『Ｑ＆Ａ法務担当者のための国際商事仲裁の基礎知識』中央経済社（2018年）5頁以下が参考となります。条項で定める内容については次の点について簡単に述べます。

ア　仲裁機関

特定の常設の仲裁機関での仲裁（機関仲裁）かアドホック仲裁か

イ　仲裁地

日本は UNCITRAL モデル法を前提に仲裁法が立法されていますが、本ケースで挙げた中国やマレーシア、インドネシアはそうではなく、各国の立法政策に基づく立法です。どういう仲裁のルールを有しているか（というのも、ある外国が、日本同様に仲裁手続の準拠法を仲裁地法にするという国際私法規定を有している場合には、仲裁地の手続法が適用されるためです。）という点を踏まえたカントリーリスク、当事者の所在地等も問題となります。

ウ　仲裁人の人数、選任方法

仲裁機関の規則に定めがない場合やアドホック仲裁の場合には、人数や選任方法を定めることになります。当然複数（奇数人を選任することになるので3人）になれば費用は上昇します。

エ　言語等

本ケースの場合には英語となることが考えられますが、合意（そのようなパワーバランスが依頼者にあれば）で言語を設定する場合、英語に限られません（ただし、日本語であれば通常日本の仲裁機関が念頭に置かれると思われます。）。

（望月彬史）

1　http://www.newyorkconvention.org/countries
2　https://www.ibanet.org/ENews_Archive/IBA_27October_2010_Arbitration_Clauses_Guidelines.aspx

5 破産法

（1）債権者が外国（法）人

ア　国内に所在地あり

Q41

破産申立事件の依頼者がいるのですが、債権者の中に日本に住んでいる外国人がいます。国内の債権者と同様に処理してもよいのでしょうか。また、日本国内で免責決定を得れば、債権者が外国人の場合も免責となるのでしょうか。

【解決のポイント】

　結論から言うと、日本の債権者と異なることはありませんし、免責も変わりありません。ただし、いくつかの点について注意や管財人に引き継ぐ場合の留意点があります。以下簡単に述べます。

A

解説

1．国際的な破産について

　日本国内における倒産手続（破産や会社更生、民事再生等。本ケースは破産ですので、以下破産の点について述べます。）においても、海外に換価財産がある場合や、海外の債権者がいる場合があります。また、複数の国にまたがる法人の破産の場合、ある国の破産手続が日本でどうなるのか、その逆で日本の破産手続が海外でどうなるのかという点が問題となります。

　破産手続については、平成17年1月1日に施行された新破産法にこれらの問題を扱う規定が整備されたほか、外国でなされた破産手続の日本での効力については外国倒産処理手続の承認援助に関する法律（平成12年法律129号）がこれを定めています。

2．破産手続における外国（法）人の地位

破産法3条は「外国人又は外国法人は、破産手続、第12章第1節の規定による免責手続（以下「免責手続」という。）及び同章第2節の規定による復権の手続（以下この章において「破産手続等」と総称する。）に関し、日本人又は日本法人と同一の地位を有する」と定めており、内外人平等主義を採用しています（平成17年の改正法施行前は、当該外国が日本人に対する地位を認めるのと同程度で（相互主義）外国人の地位を認めていました。）。

したがって、破産者が外国人であっても、免責の効果は変わりません。また、外国人債権者の日本の破産手続における地位も、国内の破産債権者と同様に扱われます。

3．破産手続は国内法（日本の破産法等）なのか外国法なのか

破産手続全般について、国際的な要素がある場合にどの国・地域のルールを適用するかは、これらがそもそも手続問題であることから、通則法等による国際私法でこれを決定するのではなく、「手続は法廷地法による」の原則から、法廷地（手続地）である日本法となります。したがって、通常の破産と同様に破産法が適用となります。本ケースも同様です。

ただし、破産手続の中で扱われる権利（破産債権）の実体問題（債権の成立・消滅原因等）については、当該権利関係の準拠法が適用される場合があります（この点については、本間靖規ほか『国際民事手続法〈第2版〉』有斐閣（2012年）219-220頁参照。）。

本ケースでは、債権者が国内の外国（法）人です。破産債権に関し、どの国・地域のルールによるかという準拠法（これは当事者で合意できること、合意がない場合には通則法8条以下で準拠法が決まることはこれまでに述べたとおりです。）が問題になります。

本ケースのような場合、多くは日本法であったり、準拠法の合意がなかったりしたとしても、黙示の合意や通則法8条の推定により日本法とされます。この場合には通常の破産手続と異なる点はありません。しかし、外国法が準拠法となる債権の場合には、債権に関する規定（破産が債権の帰すうに

影響を与えるか否か）が破産債権者や申立後の管財人の処理に影響を与えることになります。

4．実務上の問題

本ケースでは、申立代理人としての活動が考えられ、（破産）債権者は外国人ですが、国内にいるというケースです。このような場合に依頼を受ける弁護士としては、日本の破産手続と同様の手続がなされるものの、以下の点を行うか否かを個別の事情を勘案しながら、検討することになります。

①　当該債権者が日本語をどれだけ理解しているかの把握

②　①を踏まえて、受任通知時にどのような通知を送るか

③　同時廃止ではなく、管財事件になる場合には、管財人に引き継ぐ際に、上記①②の点、債権の発生原因、債権に係る準拠法合意がある場合や債権準拠法が外国法となる場合に、その説明（申立書の債権一覧表等への記載）や管財人引継ぎを行うことの要否

（望月彬史）

6 知的財産法

（1）特許権

顧問先から次のような相談を受けました。顧問先の会社（X社）は、日本で特許権を保有しており、これを利用した商品を日本国内で販売しています。そうしたところ、全く同一の商品を米国法人（Y社）が米国内で製造販売しており、その商品が日本に輸入されていることが分かったため、米国での製造販売自体を差し止めることはできるのかを知りたいということです。どのようにアドバイスをすればよいでしょうか。

【解決のポイント】

　本ケースでは、日本での法的手続を検討する場合には、管轄の有無に加え知的財産権の効力の準拠法[1]が問題となります。知的財産権の準拠法を考える際には、出願と登録によって初めて権利が創設される工業所有権（特許権、実用新案権、意匠権、商標権）と、創作という事実行為によって権利が発生し、登録制のとられていない著作権（著作者人格権、著作隣接権を含みます。）とに分けて考える必要があります。本ケースでは、前者の準拠法について解説します。

A

解説

1．特許権の効力の準拠法

　　特許権の効力の準拠法について、最高裁[2]は、法例（現在の通則法）等に直接の定めがないことから、条理に基づいて準拠法が決定されるとしたうえで、当該特許権と最も密接な関係がある国であるその特許権が登録された国の法律によると解するのが相当であるとしています。

　したがって、本ケースでは、日本の特許法が準拠法となります。そして、

我が国の特許法では、特許権の効力につき属地主義の観点から日本の領域内でのみ効力を有するものと解されている[3]ことから、X社が日本の特許権を根拠にY社に対して、米国内での製造や販売の差止めを請求することはできないと考えられます（それ以前に、被告Yとする場合に、国際裁判管轄が認められる必要があります。）。もちろん、米国で製造された製品を日本国内に輸入する行為について、輸入を行った者に対して差止請求をすることは可能です。この場合の国際裁判管轄は、被告の住所地が国内にある場合に加え、不法行為地管轄（加害行為による結果発生地が日本国内）も検討されます。

なお、今回の事例とは逆に、米国の特許権を保有する会社が、日本国内で当該特許権の実施行為の差止めを請求しようとする場合には、上記の理由から米国特許法が準拠法となります（同国の特許法は、全州で適用があり、同法と内容が抵触する州法は無効とされます。）。そして、同法には域外適用の規定が存在していることから、当該規定が適用されれば、日本国内での実施行為につき差止請求をなし得ることになります。しかし、最高裁[4]は、当該米国特許法の規定の適用は、属地主義の原則を採用する我が国の特許制度の基本理念とは相いれないとして、当時の法例33条（現在の通則法42条）の公の秩序に反することを理由に、その規定の適用を否定しています。

2. 損害賠償請求を行う場合

前述のとおり、最高裁は、特許権による差止請求や破棄請求の法律関係を「特許権の効力」の問題としました。同様に、当該特許権に無効理由の有無、特許権者が占有する権利の範囲等の問題については（準拠法の選択というプロセスの要否はさておき）、当該特許権の登録国の法律の規定に従って決定されることになると考えられます。

これに対し、特許権の譲渡契約ないしライセンス契約上の債務不履行の問題については、通則法7条以下の法律行為の規定により、また、損害賠償請求については、通則法17条以下の不法行為の規定により準拠法が決定されることになります。なお、本ケースにおいても、Y社が同製品を日本への輸出

を目的に製造しているような事情が存在するなどの場合に、事情によって
は、X 社の Y 社に対する損害賠償請求が認められる余地は存在していると
考えられます。

（正畠大生）

1　工業所有権は、産業の発展という政策的目的を実現するために国家行為として、当該国家の
　　法によって創設されるものであるから、係る国家行為の産物である権利の発生や権利内容、効
　　力等は、当然に権利を創設した国の法によらざるを得ず、準拠法の決定という問題はそもそも
　　生じないとする立場もあり（澤木敬郎＝道垣内正人『国際私法入門〈第8版〉』有斐閣（2018
　　年）253頁）、このような立場からすれば、国際私法により準拠法を定めるような私法の問題で
　　はないことから不適切な表現となります。しかしながら、最判平成14・9・26民集56巻7号
　　1551頁〔28072386〕は準拠法の決定というプロセスを経ていることから、このような表現を用
　　いることとします。
2　前掲最判平成14・9・26〔28072386〕
3　最判平成9・7・1民集51巻6号2299頁〔28021212〕
4　前掲最判平成14・9・26〔28072386〕

（2）商標権

Q43

顧問先から次のような相談を受けました。顧問先の会社（X 社）は、日本国内で生活用品を製造し販売している会社なのですが、日本国内の消費者向けにインターネット上で自社製品の広告を出しています。X 社は自社製品のブランドロゴについて日本の商標権の登録は受けているものの、海外で商標権を取得していなかったようです。そうしたところ、韓国で類似の商標を取得している企業から、当該インターネット広告が当該韓国企業の商標権を侵害していると広告の差止請求がなされたとのことでした。当然、その広告は、インターネットにさえつながっていれば、韓国国内で閲覧可能ですが、その商品は海外への輸出を行っていないため、X 社が正規で販売しているのは、日本国内のみであり、韓国への製品の輸出は行っていないようです。どのようにアドバイスするのがよいでしょうか。

【解決のポイント】

　商標権の効力の準拠法の決定は、特許権の準拠法の決定と同様に考えられます（Q42を参照）。ここでは、各国の法令の内容や解釈に影響を及ぼし得る条約等についても解説します。

A

解説

1．商標権の効力の準拠法について

（1）本ケースでは、韓国の企業からの「差止請求」が、具体的な訴訟等なのか、差止めを求める通知書面が届いたなどの訴外での請求がなされているに過ぎないのか、前者の場合に日本の訴訟なのか韓国の訴訟なのかが問題となります。

（2）日本で X 社が被告として訴訟が係属している場合には、商標権の効力

も当該権利の最密接関係地である登録国が準拠法として選択されることとなります。

したがって、本ケースで、差止請求の可否については、X社の行為が韓国商標法の規定する「商標の使用」（同法2条1項11号）に該当するかという、解釈適用によって確定されることになります。

特に韓国での訴訟手続が見込まれる場合には、現地代理人の協力の検討も必要となります。なお、同国の国際私法は知的財産権の侵害の問題につき、権利侵害地の法による（同法24条）としています。ここでも、韓国商標法の適用が問題となります。

2．条約等の存在

外国の法令の内容や解釈を検討するうえで、主要国が加入する国際条約や国際機関の採択した勧告等は、各国の国内法令に取り入れられていたり、重要な解釈指針となったりするため、有用な場合が多いといえます。

主要な条約等としては、工業所有権全体について、パリ条約、TRIPS協定があり、各個別の権利について特許協力条約（PCT）、商標の国際登録に関する協定議定書、意匠の国際登録に関するハーグ協定及びジュネーブ改正協定等があります。これらの条約等の内容が比較的コンパクトにまとまった文献としては、茶園成樹編『知的財産関係条約』有斐閣（2015年）等がありますのでご参照ください。

本ケースにおいても、世界知的所有権機関（WIPO）一般総会で採択された「インターネット上の商標及びその他の標識に係る工業所有権の保護に関する共同勧告」が韓国商標法の解釈適用においても重要な指針となるといえます[1]。当該勧告に従って考えると、今回の事例では、韓国国内での商業的効果は認められず、韓国での商標の使用はないことになると考えられます。ただし、あくまで韓国法の解釈の指針になるにすぎないことには注意が必要です。

3．外国法令や条約等の検索について

　工業所有権の侵害の相談を受けるに当たっては、権利の登録国の法令の内容を知ることが大変重要になりますし、時には条約等にも目を配る必要があります。これらの情報を取得する手掛かりとしては、特許庁のHP上[2]にまとめられていますので、大変便利です。

　また、具体的な事例の解決については、同じく特許庁のHP上で公開されている事例集[3]（外国産業財産権制度相談事例集や産業財産権侵害対策相談事例集）などを参照されると便利です。

（正畠大生）

1　勧告の内容は、https://www.jpo.go.jp/news/kokusai/wipo/1401-037.html を参照してください。

2　https://www.jpo.go.jp/system/laws/gaikoku/index.html

3　https://www.jpo.go.jp/system/laws/gaikoku/iprsupport/index.html

（3）著作権

Q44

個人の相談者から、次のような相談を受けました。相談者は、趣味で漫画を描いており、作品は同人誌として、コミックマーケットやインターネット上で販売しているそうです。そうしたところ、相談者の作品を購入した日本在住の台湾人が、その作品を翻訳したうえで、台湾に持ち込み、勝手に販売していることを知り、台湾での販売の差止めや損害賠償の請求をしたいとのことでした。どのような点に注意してアドバイスをしたらよいでしょうか

【解決のポイント】

ここでは、著作権の関係する法律問題の準拠法が問題となります。登録制を前提としない著作権の準拠法の決定は、工業所有権の場合と少し異なる部分があるため注意が必要です。

A 解説

1．差止請求の準拠法

著作権に基づく差止請求等の準拠法の決定について、通則法に明文の規定がありませんが裁判例[1]では、文化的及び美術的著作物の保護に関するベルヌ条約（以下では単に「ベルヌ条約」といいます。）5条（2）に規定される「保護の範囲及び著作者の権利を保全するため著作者に保障される救済の方法」という単位法律関係の問題であるとして、「保護が要求される同盟国の法」（保護国法）が準拠法になると考えられています（ただし、同条をどのように解釈するかについては、種々の見解があります。）。したがって、本ケースで、台湾地域内での譲渡行為の差止めを請求する場合には、台湾法が準拠法となります。一方で、今回の作品の複製行為が日本国内

で行われていることが判明している場合で、当該複製行為の差止めを請求する場合には、日本法が準拠法となります。

　外国法（台湾法）が準拠法となる場合には、その国の領域外で発行された著作物が、当該準拠法上の保護の対象となるのかは十分に確認が必要です。多くの国の場合には、ベルヌ条約により、保護されるのが一般的ではありますが、台湾はベルヌ条約に未加盟であることから、WTO の TRIPS 協定による保護を検討することになります。また、今回のような事例では問題になることは少ないと思われますが、保護される著作物の種類、法定の制限事由や存続期間は、各国で規定が異なるため、検討するに当たっては注意が必要です。

　なお、外国著作権法や条約等の条文の内容を確認するには、公益社団法人著作権情報センター HP 内の著作権データベース[2] に翻訳が掲載されており有用です。

2．損害賠償請求の準拠法

　損害賠償請求の準拠法の決定について、裁判例[3]によると、通則法17条以下により決定されることになります。本ケースでは、台湾で譲渡行為がなされているものの、当事者双方が日本に常居所を有していること等の事情から、同法20条により日本法が準拠法とされる可能性があり得ます。

3．その他の問題について

　上記の問題以外にも、国際裁判管轄[4]や証拠収集方法、現地代理人の協力の必要性等の手続上、事実上の問題が生じることが考えられます。これらの著作権に関する国際的な問題について、本書の他の Q & A はもちろんのこと、文化庁 HP[5] に掲載されているハンドブックを参照することも有用です。また、ベルヌ条約等の内容に関する文献としては、茶園成樹編『知的財産関係条約』有斐閣（2015年）がコンパクトな概説書となります。そのほかに、比較的詳細な文献として、木棚照一『国際知的財産法』日本評論社（2009年）があります。

（正畠大生）

1　東京地判平成25・3・25平成24（ワ）4766号裁判所 HP〔28211618〕
2　https://www.cric.or.jp/db/index.html
3　知財高判平成23・11・28平成23（ネ）10033号裁判所 HP〔28180316〕
4　今回の事例では、民事訴訟法3条の5により日本の国際裁判管轄が認められると考えられる
　ことについては、最判平成13・6・8民集55巻4号727頁〔28061235〕を参照。
5　https://www.bunka.go.jp/seisaku/chosakuken/kaizokuban/index.html

（4）不正競争防止法

Q45

顧問先の会社から次のような相談がありました。顧問先の会社（X社）は日本法人であり、日本で製造した自社製品を米国法人（A社）に販売しており、A社は、米国内で同製品の販売をしているのですが、ある日、別の日本法人（Y社）から、A社に対し、「X社の製品は、Y社の米国特許権を侵害しているため、販売を中止せよ」との警告文が届いたそうです。A社がY社に問い合わせたところ、Y社から「X社はそのほかにも、他社の知的財産権を侵害する製品を販売している悪質な業者だから取引を中止した方がいいのではないか」という旨のことを言われたとのことでした。X社での調査の結果、X社としては、当社製品はY社の特許権を侵害するものではないと考えており、また、これまでにX社が他社の知的財産権を侵害した事実はなく、そのようなトラブルがあった事実もないということでした。X社よりY社への対応を相談されているのですが、日本の不正競争防止法の適用はあるのでしょうか。

【解決のポイント】

　不正競争防止法が規定する不正競争行為には、①商品の表示（周知表示・著名表示）、②形態模倣、③営業秘密の不正取得・不正利用、④技術的制限手段無効装置の提供、⑤ドメインの不正取得・不正使用、⑥品質等誤認表示、⑦信用毀損行為等の様々な内容のものが含まれており、すべての行為類型について、同一に準拠法の決定をすべきであるか否かは議論があるところです。

　ここでは、⑦信用毀損行為の事例における準拠法の決定を中心として解説します。

A

解説

1．信用毀損行為の準拠法

　　不正競争防止法で規制される行為について、通則法に特別の規定は設けられていませんが、虚偽の事実の告知又は流布による競業他社の信用毀損行為は、一般の不法行為の特別法と位置付けることができます。そのようなことから、信用毀損行為については、通則法17条以下の規定により準拠法が決定されるものと考えられます[1]。したがって、信用毀損行為については、同法19条により、被害者の常居所地法ないし主たる事業所の所在地の法が準拠法となることから、今回の事例では日本法が準拠法となるのが原則と考えられます。裁判例[2]においても、理由は明確ではありませんが、結論的には同様の判断が示されています。

2．その他の類型について

　　不正競争行為の類型の中で、上記の⑦信用毀損行為のほかに、しばしば問題となるのは、③営業秘密の不正取得・不正利用であろうかと思います。これについて、裁判例[3]では、差止請求・損害賠償請求のいずれも法例11条（現在の通則法17条以下）により準拠法を決定するとしたものがあります。

　　また、①商品の表示（周知表示・著名表示）の事例について、差止請求については、準拠法の決定というプロセスを示すことなく日本法を適用し、損害賠償請求については、法例11条（現在の通則法17条以下）を適用した裁判例[4]が存在します。

（正畠大生）

1　東京地判平成15・10・16判タ1151号109頁〔28083012〕も参照。
2　知財高判平成26・3・27平成25（ネ）10094号裁判所HP〔28221347〕。一方で、差止請求については条理によるとの判断を示した裁判例（知財高決平成17・12・27平成17（ラ）10006号裁判所HP〔28110187〕）もありますが、いずれにしても本ケースでは日本法が準拠法になると考えられます。
3　東京地判平成3・9・24判タ769号280頁〔27811694〕
4　大阪地判平成16・11・9判時1897号103頁〔28092865〕

7 労働法

（1）日本企業で外国人を雇用する

ア　役員

Q46

外国人でも会社役員にはなれますか。ビザについては注意する必要があるでしょうか。

【解決のポイント】

　ビザについては解説で述べる点などに注意する必要がありますが、外国人でも会社役員になることができます。

A

解説

1．外国人を会社役員にするうえでの注意点

　外国人であっても我が国で会社役員になることはできます。通常、会社の役員になるには印鑑証明書が必要ですが、外国に在住している場合などで印鑑証明書を取得できないこともあります。そのような場合には、在外公館などで署名証明書を取得することで、印鑑証明書の代わりにすることができます。

2．ビザの変更について

　我が国で会社の役員になるには、在留ビザの変更をする必要がある場合もあるので注意が必要です。

　会社役員になる場合は、「経営・管理」というビザに変更をする必要があります。この点についての手続を忘れないようにしましょう。

（森山直樹）

イ　一般従業員

Q47

日本企業が日本で外国人従業員を雇用する場合の注意点は何でしょうか。

【解決のポイント】

　在留資格の確認、ハローワークへの届出などのほか、外国人が適応できるように環境を改善することなども必要となってくるでしょう。

A 解説

1．外国人を雇用するうえでの注意点

　　　外国人の方は、適法な在留資格の範囲内で就労活動が認められます。したがって、外国人を雇用する場合には、在留カードなどによって、就労が認められるかどうかを確認しましょう。

　なお、外国人を雇用する事業主には、外国人の雇入れ、離職の際に、その氏名や在留資格などを確認し、ハローワークへ届け出ることが義務付けられています（労働施策の総合的な推進並びに労働者の雇用の安定及び職業生活の充実等に関する法律（以下「労働施策総合推進法」という。）28条）。

　これら以外にも、事業主には、外国人が職場に適応することを容易にするための措置の実施などについて努力義務が課されています（労働施策総合推進法7条）。

　その具体的な内容については、厚生労働大臣が定める「外国人労働者の雇用管理の改善等に関して事業主が適切に対処するための指針」（平成19年8月3日厚生労働省告示第276号）により示されていますので、必要があればご参照ください[1]。

2．健康保険や労災等について

　厚生年金・健康保険については、加入が義務付けられている会社は、従業員が外国人であっても加入義務があることに変わりはありません。また、労災保険も外国人労働者について、日本人労働者と同様に加入させる必要があります。

（森山直樹）

1　厚生労働省のHP（https://www.mhlw.go.jp/stf/seisakunitsuite/bunya/koyou_roudou/koyou/jigyounushi/page11.html）参照。

ウ　留学生アルバイト

Q 48

外国人をアルバイトで雇用する場合の注意点は何でしょうか。

【解決のポイント】

　留学生をアルバイトとして雇う場合、資格外活動許可の有無を確認する必要があります。また、時間制限もあるので注意が必要です。

A　解説

1．資格外活動許可とは

　外国人留学生は、留学ビザで在留しているため、収入を伴う活動を行おうとする場合は、そのビザの資格外の活動をすることになります。そこで、アルバイトをするには、入国管理局からあらかじめ資格外活動許可を受けておく必要があります。

　資格外活動許可を受けている場合、パスポートに許可証印が押されているか、又は資格外活動許可書の交付を受けているはずですので、雇用する側はそれらの確認をする必要があります。

2．留学生の就労時間制限

　資格外活動許可を受けてアルバイトをする場合は、週28時間が上限です。なお、これは学校の授業等がある場合であり、在籍する教育機関が学則で定める長期休業期間の場合には、1日8時間まで働くことが可能となります（出入国管理及び難民認定法施行規則19条5項）。

　なお、この上限は残業時間を含むものですので、注意しましょう。

（森山直樹）

エ　技能実習生

Q49

弊社で外国人技能実習生を雇用したいのですが、これは通常の雇用契約なのでしょうか。技能実習生は安い給与で雇えるという話を聞いたのですが、労働法の労働時間規制や最低賃金法なども適用されるのでしょうか。そのほか、外国人技能実習生を雇用する際の注意点などを教えてください。

【解決のポイント】

外国人技能実習生と受入企業との契約は、労働（雇用）契約です。労働関係法令による種々の規制が適用されます。

A

解説

1．外国人技能実習生との法律関係

外国人技能実習制度については、これまで幾度もの法改正を経ています。従前は外国人研修生・技能実習生に労働関係法令が適用されるかという点に激しい争いがありましたが、裁判例の積み重ねによりおおむね技能実習生の労働者性が定着し、平成29年に施行された「外国人技能実習の適正な実施及び技能実習生の保護に関する法律」（以下「技能実習法」という。）により立法的に解決されました。技能実習法1条には、「労働基準法（昭和22年法律第49号）、労働安全衛生法（昭和47年法律第57号）その他の労働に関する法令と相まって、技能実習の適正な実施及び技能実習生の保護を図り」と規定され、技能実習生が労働者として保護されることが明示されています。

よって、労働基準法による労働時間規制や最低賃金法による最低賃金規制は、いずれも技能実習生に適用されます。ただし、労働基準法が適用される

関係で、技能実習生に対しても36協定の範囲内で時間外労働（残業）を行わせることができますが、その場合には時間外割増賃金を支払わなければなりません。

　なお、時間外労働には適正な割増賃金を支払わなければならないという点には注意が必要です。実質的な時間外労働を「内職」と称して法定賃金以下で従事させるという不正が横行しましたが、入管法上、技能実習計画に記載のない「内職」と行わせることはそもそも認められていません。

｜2．技能実習生の特殊性

　技能実習とは、単なる外国人労働力の確保のための制度ではなく、日本の技術力を開発途上国に移転するために労働者を日本に受入れ、原則3年間実習を行わせたうえで帰国させるという建て付けになっています。このため、技能実習生の扱いには通常の労働者とは異なる点があります。

　まず、受入企業は、一定の実習目的に従った実習計画を策定し、入国管理局に申請する必要があります。あくまで実習が目的ですから、原則として、途中で企業の都合により目的外の労働に従事させることはできません。

　また、技能実習生との契約は、通常は期間の定めのある労働契約となるため、途中解雇には厳格な規制がかかります（労働契約法17条1項）。受入企業としては、原則3年間の実習環境を整えたうえで、技能実習生を受け入れる必要があります。万が一、企業による受入継続が困難となった場合は、監理団体等と協力して新たな受入先を探す必要があります。

（近藤剛史）

オ　解雇

50

外国人従業員を解雇するのに、日本人と異なる注意点はありますか。

【解決のポイント】

　基本的には、解雇に際して日本人と同様の解雇規制があります。また、在留資格等の関係で、入国管理局への届出義務もあります。

　本ケースでは、解雇される従業員側の対応も含めて検討します。

解説

1．解雇する使用者側

（1）実体法上の規制

　日本で雇用された外国人については、基本的には日本法で契約されていると思われます。また、仮に当事者間で別の準拠法を設定していても、労働契約の成立及び効力について日本法の強行規定を適用すべき旨の意思表示をした場合は、日本法の強行規定が適用されます（通則法12条1項）。

　すなわち、日本人従業員を解雇する場合と同じく、労働契約法16条等の解雇規制が適用されます。

（2）手続

　後述するように、解雇された外国人は入国管理局での手続が必要となるため、当該外国人の請求に応じ、退職証明書を交付してください（労働基準法22条1項）。

　また、外国人の離職に際して、使用者は入国管理局に届出をすべき努力義務がありますが（入管法19条の17）、ハローワークに雇用保険の被保険者資格喪失届を届け出れば、上記努力義務は免除されます。

2．解雇された従業員の対応

（1）在留資格

外国人労働者が解雇された場合、入管法別表第1の在留資格の場合、在留資格変更の問題が生じます。

まずは、在留資格の前提となる就業状況に変動が生じているので、14日以内に入国管理局に離職した旨の届出をする必要があります。その際、退職証明書の提出を求められることがありますので、使用者に退職証明書の交付を請求してください。

その後は、特定活動への資格変更を行って日本で就職活動を行うか、帰国するかを選択することになります。

（2）社会保険給付（雇用保険）

労働者を雇用する企業は、原則として雇用保険に加入しなければなりません。日本で合法的に就労している外国人は、在留資格にかかわらず被保険者となります。解雇された外国人は、ハローワークで失業給付を求めることができます。

ただし、失業給付はあくまで求職活動を前提とした制度ですので、入管法で就労が認められていない在留資格の場合は、雇用保険に加入していても失業給付の受給が困難となります。

（3）不当解雇を争う場合

外国人であっても原則として日本の労働関係法令が適用されるため、不当解雇を争うこともできます。ただし、就労実態がない場合は、就労を前提とした在留資格が認められないので、短期滞在等に切り替えることになります。訴訟が長引く場合には、短期滞在の間に日本で弁護士を委任し、帰国して結果を待つことになります。

（近藤剛史）

カ　失踪

Q51

外国人従業員を雇用していたのですが、先日、従業員が失踪してし
まいました。入国管理局に届出等が必要でしょうか。

【解決のポイント】

外国人を受け入れている雇用主には、入国管理局にその雇用状況を報
告する義務があります。そのほか、日本人と同様の一般的な対応も必要
になります。

A

解説

通常、外国人従業員の失踪は、無断欠勤等により発覚します。

雇用主としては、無断欠勤時の当然の対応として、本人及び家族
等への連絡を行います。それでも連絡がとれない、所在がつかめない場合
は、何かしらの事件に巻き込まれている可能性もありますので、様子をみた
うえで警察に捜索願を出すことも検討します。

また、会社においては、あらかじめ就業規則等で無断欠勤時の取扱い（特
に自動退職規定）などを定めておき、一定期間無断欠勤が続いた場合にはこ
れらの規定により退職した取扱いにすることも必要です。そのうえで、雇用
契約が終了した場合には、入国管理局に対して雇用契約が終了した旨の届出
が必要となります。

なお、例えば当該外国人が社員寮から荷物ごといなくなっているなど、状
況からして失踪したことが明らかな場合などには、雇用契約の終了を待つこ
となく入国管理局に失踪の報告をした方がよいでしょう。

（近藤剛史）

キ　労災

Q52

外国人従業員についても労災保険の加入義務はありますか。

【解決のポイント】

　労災保険は外国人従業員であっても加入しなければなりません。

A 解説

　　労災保険は、外国人労働者であっても日本人同様、加入義務があります。労災保険に関しては、雇用保険と異なり、在留資格にかかわらず一律に加入しなければなりません（雇用保険は、当該業務を行うべき適法な在留資格を有している外国人のみ。Q50の解説2（2）参照）。したがって、仮に当該外国人がオーバーステイであったり資格外活動であったりしても、労災保険に加入しなければならないことになります。

（近藤剛史）

（2）外国企業で日本人が働く

Q53

日本所在の外国企業で日本人が働く際の注意点などはありますか。

【解決のポイント】

労働法の適用のある一般従業員やアルバイトの場合、準拠法に関する特例があるので注意が必要です。役員の場合、基本的には委任契約となるのでそのような特例の適用はないと考えられます。

A

解説

1．一般従業員やアルバイトの場合

通則法上、労働契約（どのような契約が労働契約かは、あくまでも通則法（国際私法）の立場から決定されますが、従業員やアルバイトの場合には労働契約性が否定されることはまれですので説明は割愛します。）においても、どの国・地域のルールによるか（準拠法の指定）については、原則として当事者の合意により決定されます（通則法7条）。

ただし、労働契約に関しては通則法12条によって特例が設けられています。具体的には、①準拠法が最密接関係地以外の法である場合でも、労働者が最密接関係地中の「特定の強行規定」を適用すべき意思表示を使用者に対してしたときはその強行規定も適用する、②労務を提供すべき地の法が労働契約に最密接関係地の法であると推定される、③準拠法の選択がないときも、労務を提供すべき地の法が最密接関係地の法であると推定される、というものです。

例えば、日本人が日本で労務提供を行い、日本で賃金を得る場合には、上記の「最密接関係地」は日本です。そこで、労働契約の準拠法を外国法とす

る合意がある場合であっても、労働者が「（最密接関係地である）日本法の強行規定」を適用すべき意思表示を使用者に対して行えば、日本法の当該強行規定が適用されることになります。なお、労働者からの意思表示は、係争となり裁判が係属した後でも構いませんが、事実審の口頭弁論終結時までには意思表示は必要と解されています。

ここで、「特定の強行規定」がどのような法になるかが問題となりますが、日本の労働契約法中の労働者保護のための強行規定や契約上の強行法規（民法の公序良俗等）がこれに含まれます。

さらに、上記で述べた「特定の強行法規」とは別に、日本の公法上の規定（強行的適用法規といいます。）については、通則法による準拠法決定（同法12条1項による当事者の意思表示）とは関係なく、日本の裁判所においては常に適用されます。この強行的適用法規には、労働基準法上の規定や最低賃金法の規定が挙げられます。

日本にある外資系企業で働いていて、準拠法が外国法になっている場合は、日本法の強行規定を適用すべき旨の意思表示を使用者に対してすれば、それを適用することができるようになります。

また、準拠法の合意がない場合には、労務を提供すべき地である日本を最密接関係地として推定されるので、日本の労働法が適用されることになるでしょう。そして、一定の公法は「強行的適用法規」として、通則法による準拠法決定にかかわらず適用されることになります。この意味で、日本における日本の労働者との差は相対的になります。

2. 役員の場合

本ケースでは、日本人が外国法人で働くことが想定されています。まず、「役員」とは何か、法人の機関、役職、役員とされる者の選任・解任等は、通則法には規定がありませんが、一般的に法人内部の問題として、当該法人の設立に際して準拠された法（設立準拠法）によるとされています。したがって、外国法人の場合には、役員というものが日本の会社法の役員の概念・機関と必ずしも一致しないことに注意が必要です。

　そして、役員の場合、基本的には労働契約ではなく委任契約であると考えられますが、通則法上の「労働契約」であるか委任契約であるかは別途検討されなければなりません。契約締結の諾否の事由、指揮監督関係の有無、独立性、勤務時間や場所の拘束の有無、裁量性、対価（報酬）の決定方法等の事情から上記1で述べた労働契約として準拠法を決定するのか否かが判断されることになります。

　委任契約と考えられる場合には、上記特例の適用はなく、当事者の合意がない場合には、最密接関係地の法律によることになります（通則法8条1項）。なお、日本のみで役員業務に当たる場合には、日本における役務の提供が契約における特徴的給付と考えられますから、日本が最密接関係地と推定され、日本の会社法等が適用される可能性は十分にあるでしょう（同条2項）。

（森山直樹）

書式例

書式例

日本人夫が帰国した中国人妻を相手に離婚訴訟を提起する場合（最後の共通住所地管轄）

訴　　　状

令和　　年　　月　　日

○○家庭裁判所△△支部　御中

原告訴訟代理人弁護士　　○　　○　　○　　○　　㊞

本　籍　　　　県　市　区　町　　番地
住　所　　〒○○○－○○○○
　　　　　　　市　区　町　　番地の
　　　　　原　　告　　　　○　　○　　○　　○

　　　　　〒○○○－○○○○
　　　　　　市　区　丁目　番　号
　　　　　○○法律事務所（送達場所）
　　　　　原告訴訟代理人弁護士　　○　　○　　○　　○
　　　　　電　話○○○－○○○－○○○○
　　　　　ＦＡＸ○○○－○○○－○○○○

国　籍　　中華人民共和国
住　所　　郵便番号（郵政編碼）△△△△△△△
　　　　　広東省○○市○○○○区○○○△組
　　　　　（簡体字：□□市○○○○区○○○△組）
　　　　　被告（戸籍上の氏名）　　○　　　○　○
　　　　　（旧外国人登録原票の記載（簡体字）「□　□□」）

離婚請求事件
訴訟物の価額　　金160万円
貼用印紙額　　　金1万3000円

第1　請求の趣旨
　1　原告と被告とを離婚する。
　2　訴訟費用は被告の負担とする。
　　との判決を求める。

178

第2　請求の原因等
　1　当事者
　（1）原告（夫）と被告（妻）は夫婦である。原・被告の間に子はいない。
　（2）原告と被告は，平成　　年　　月　　日，中華人民共和国の方式で婚姻
　　　　し（甲1），同年　　月　　日，日本の戸籍に報告的届出を行った（甲
　　　　2）。
　2　国際裁判管轄
　（1）原告は日本国籍を有し，訴状記載の住所地を有する者である（甲3）。
　　　　被告は，原告と婚姻後，遅くとも平成　　年　　月　　日から平成　　年
　　　　　　月　　日まで，原告と同一の住所地に住所を有していた（甲4）。そ
　　　　して，被告は，平成　　年　　月　　日に日本を出国して以降，令和
　　　　　年　　月　　日までは日本に入国していない（甲4）。
　（2）以上から，原告と被告の，人事訴訟法第3条の2第6号に定める「最後
　　　　の共通の住所」は，原告の現在の住所地である。したがって，同法第3条
　　　　の2第6号により，日本裁判所に管轄が認められる（そして国内における
　　　　裁判管轄は，人事訴訟法4条により，御庁に認められる。）。また，本訴
　　　　は，上記事情から，調停を前置せず行う。
　3　準拠法
　　　　原・被告間の離婚については，法の適用に関する通則法第27条但書が適用
　　　　されるため，日本法となる。
　4　離婚原因
　　　　…
　5　結語
　　　　以上から，原告は，実体に沿う身分関係を求めるべく，本訴を提起する。
　　　　　　　　　　　　　証　拠　方　法（証拠説明書のとおり）
1　甲第1号証　　　　中華人民共和国結婚証（写し）　　　　　　　1通
2　甲第2号証　　　　戸籍（全部事項証明）　　　　　　　　　　　1通
3　甲第3号証　　　　住民票　　　　　　　　　　　　　　　　　　1通
4　甲第4号証　　　　出入（帰）国及び外国人登録記録等に関する照会
　　　　　　　　　　　について（回答）　　　　　　　　　　　　1通
5　甲第5号証　　　　…
6　甲第6号証　　　　…
…

　　　　　　　　　　　　　添　付　書　類

1　甲号証写し　　　　　　　　　　　　　　　　　　　　　　各1通
2　訴訟委任状　　　　　　　　　　　　　　　　　　　　　　　1通
　　　　　　　　　　　　　　　　　　　　　　　　　　　　　以上

国内で行方不明の外国人につき、訴訟提起時点（管轄基準時）出入国について23条照会をする場合の記載例（書式は単位会で異なるので注意）

弁護士会照会申出書

○○弁護士会会長　○○　○○　殿

令和　　年　　月　　日

〒○○○－○○○○
　市　　区○○○○○○
○○○○　法律事務所
弁 護 士　浜　松　太　郎
電話番号　○○○－○○○○－○○○○

1　受任事件の表示
　　依頼者　　　アアア　イイイ　ウウウ
　　　　　　　（AAA　III　UUUU）
　　相手方　　　エエエ　オオオオ
　　　　　　　（EEE　OOOO）
　　事件名　　　離婚等請求事件
　　　　　　　○○家庭裁判所△△支部令和　年（家ホ）第○号

2　照会先
　　東京出入国在留管理局長
　　〒108-8255
　　東京都港区港南5－5－30
　　東京出入国在留管理局調査企画部門第一システム担当
　　電話　03－5796－7111（内線4054）

3　照会を求める事項
　　別紙記載2のとおり

4　照会を求める理由
　　別紙記載3のとおり

（別紙）

〒○○○－○○○○

市　区○○○○○○

○○○○　法律事務所

弁護士　浜　松　太　郎

電話番号　○○○－○○○○－○○○○

1　受任事件の表示

依頼者　　　アアア　イイイ　ウウウウ

（ＡＡＡ　ＩＩＩ　ＵＵＵＵ）

相手方　　　エエエ　オオオオ

（ＥＥＥ　ＯＯＯＯ）

事件名　　　離婚等請求事件

○○家庭裁判所△△支部令和　年（家ホ）第○号

（訴訟提起日令和　　年　　月　　日）

2　照会を求める事項

下記「（外国人の表示）」記載の者につき，（1）及び（2）の事項をご回答
ください。

（外国人の表示）

国　　籍　　　　　　　○○○○

氏　　名

（ＥＥＥ　ＯＯＯＯ）

生年月日　　　　　　　19　　年　　　月　　　日

性　　別　　　　　　　男

住民票上の住所　　　　平成　年　月　　日法務省通知により職権消除

（削除前の住所：　　　　　　　　　）

在留カード等の番号　　不明（ただし，難民認定申請受付票及び仮滞在許

可書番号　○○○－○○○○）

在留資格　　　　　　　不明（ただし，平成　年　月　　日までは，

仮滞在者）

パスポート番号　　　　△▽△△▽△△

（有効期限令和　　年　　月　　日）

（1）　令和　　年　　月　　日から現在までの出入国の有無

（2）　上記（1）記載の事実があるとすれば，出国及び入国の各年月日

3　照会を求める理由

（1）　依頼者は，相手方の妻であるところ，相手方は現在行方不明であり，当職は，離婚請求事件（調停を前置せず，訴訟を提起する）の委任を受けている（○○家庭裁判所△△支部令和　　年（家ホ）第　　号　離婚等請求事件，以下「本件訴訟」という。）。

（2）　本件訴訟については，被告である相手方が日本国内で行方不明の場合には人事訴訟法第3条の2第1号により，裁判管轄が我が国内にあり，依頼者の住所地ないし相手方の住所地が管轄となる（人事訴訟法第4条）。一方，相手方が出国している場合には，夫婦の最後の共通住所地として国際裁判管轄が認められたとしても，出国先での所在調査が必須である。

（3）　なお，相手方が国内にいるか否かの有無の基準時（日）は，訴えの提起時であり，本件訴訟は令和　　年　　月　　日に提起したことから，同日が基準時となる。

（4）　以上の事情で，離婚訴訟の管轄の有無を調査するべく，現在までの相手方の出入国記録を調査する必要があることから，本照会に及んだ次第である。

以上

管轄・準拠法に関する主張書面例、原・被告ともに外国人で日本国内に所在する場合で、離婚のみを求めるケース

第1　請求の趣旨
　1　原告と被告とを離婚する。
　2　訴訟費用は被告の負担とする。
　　との判決を求める。

第2　請求の原因等
　1　当事者
　（1）原告について
　　　　原告は，○○国籍を有する者である。原告は，平成　　年　　月　　日に被告と婚姻し（後述する。），その後平成　　年　　月　　日に日本における外国人住民となり，現在，日本国内（○○市内）に居住している。現在の在留資格は，「永住者（被告）の配偶者等」である（添付資料「住民票」参照）。
　（2）被告について
　　　　被告は▲▼国籍を有する者であり，平成　　年　　月　　日に日本における外国人住民となり，現在，永住者として○○市内に居住している（添付資料「住民票参照」。）。
　　　　また，被告には，同居の子が3名いるが，いずれも原告と被告との間の子ではなく，原告と親子関係がない（添付資料「住民票」参照）。なお，被告の子のうち，▲▼国籍の　　　　　は現在　　歳（19　　年　　月　　日生，同国の成人年齢は18歳である（▲▼国　法　条）），日本国籍のを有する子　　　　　は現在25歳であり，成人している。
　（3）原告と被告の婚姻について
　　　　原告と被告は，平成　　年　　月　　日，□□国内にて婚姻し，原告は，同婚姻を○○国内にて登録した（甲1，2）。
　　　　その後，原告は，平成　　年　　月に来日し（甲3），令和　　年　　月頃まで，被告（及び被告の子ら）と同居していた。現在の状況については，後述する。
　2　管轄及び準拠法
　（1）国際裁判管轄が日本にあること
　　　　原告と被告はいずれも外国国籍であり，かつ同人らの婚姻挙行地は□□である。一方，原告は　　年以上，被告は　　年以上，外国人住民として日本国内に居住している。同人らの住所地及び常居所地は，日本である。

そこで，婚姻挙行地が□□である事情にかかわらず，原告と被告の離婚に関する事件については，被告住所地（かつ，夫婦の住所地）である日本に国際裁判管轄が認められる（人事訴訟法第3条の2第1号）。

また，被告の住所地を管轄する家庭裁判所は，○○家庭裁判所△△支部である。

（2）訴訟手続については，法廷地法である日本法によること

訴訟の手続に関しては，法廷地法たる日本法による。そこで，原告は，人事訴訟法に基づき，離婚訴訟を提起する（なお，原告が本訴提起前に調停を申し立てた点は後述する。）。

（3）準拠法は日本法となること

既に述べたとおり，原告及び被告はいずれも外国国籍であり，かつ，両者の国籍は共通しない。原告と被告の離婚に関する準拠法は，法の適用に関する通則法第27条及び第25条により，夫婦の共通常居所地である日本法（日本民法）による。

原告は日本国内に在住する外国人，被告は外国に在住する日本人で，管轄が争いとならず（人事訴訟法第3条の2第6号），専ら準拠法が争いとなっている場合

第○　準拠法についての原告の主張
　1　結論
　　　原・被告間の離婚に関する準拠法は，最密接関係地法である日本法が適用される（法の適用に関する通則法（以下「通則法」という。）第27条及び第25条）。
　2　理由
　（1）原告・被告について
　　　　夫である原告は，○○国籍を有する者であり，現在日本国内（○○県○○市内）に居住し，同市内の企業に勤務している。他方，妻である被告は，日本国籍を有し，現在，○○国に在住している。
　（2）婚姻の実体，婚姻生活地
　　　　原・被告は，平成　　年　　月　　日，○○国の方式により婚姻した。同人らの間には，○○国籍の子が1名いるが，既に成人しており（19歳，○○国民法第△△条により，18歳以上は成人である。離婚に伴う親権者指定の問題については，通則法第32条に基づき，原告（父）と子の共通本国法である○○法となるが，子が成人しており，同国法に基づく親権（法定代理及び監護権）は消滅した。），同子は，現在日本国内で原告と共に居住している。
　　　　また，原・被告は，婚姻後平成　　年　　月　　日までは○○国に居住し，その後同年　　月以降は来日し，平成　　年　　月　　日までは，原告の現在の居住地で同居した。
　（3）最密接関係地が国内にあること
　　　　原・被告は，国籍が異なり，かつ，平成　　年　　月　　日以降，長期にわたり別居していることから，共通の常居所地も認められない（ただし，国際裁判管轄原因（人事訴訟法第3条の2第6号）たる最後の共通の住所地は日本である。）。そこで，「夫婦に最も密接な関係がある地の法」（最密接関係地法）の特定が問題となる。そして，本件では以下の事情が挙げられる。
　　　ア　婚姻後の原・被告の同居期間は　　年に及ぶところ，そのうち　　年が日本国内での同居であり，かつ，日本が最後の共通の住所地であること
　　　イ　婚姻中の家計については，専ら日本国内で稼働する夫である原告の収入により賄われており，離婚給付に際しての主な原資は，原告が日本国

内で得た収入であること
ウ　原告の子は来日後，平成　　年　　月　　日以降も，原告と共に日本
　　国内で居住していること
（4）被告は，離婚について○○国法が準拠法であると主張し，反訴（附帯処
　　分申立て）において，いわゆるアリモニー（離婚後の元夫婦間の扶養・給
　　付）を請求する（同国民法○○○条以下。）。しかしながら，離婚準拠法
　　は，日本法による以上，離婚後の元配偶者間の扶養の問題についても，離
　　婚準拠法たる日本法が準拠法となる（扶養義務の準拠法に関する法律第4
　　条1項）。
（5）小括
　　　以上から，原・被告間の離婚準拠法は，第1項の結論で述べたとおり，
　　日本法となる。

索引

■ま行

■や行

■ら行

編集・執筆者一覧

（2020年1月1日現在）

編集代表

森山　直樹（もりやま　なおき）

2010年弁護士登録（広島弁護士会・新63期）。森山法律事務所。

中央大学法学部卒業。広島大学大学院法務研究科修了。日弁連刑事弁護セン
ター委員会委員。広島弁護士会広報室室長代理、法律相談センター運営委員
会委員。

望月　彬史（もちづき　あきふみ）

2010年弁護士登録（静岡県弁護士会（浜松支部）・新63期広島修習）。渥美利
之法律事務所。

上智大学法学部国際関係法学科卒業、名古屋大学法学研究科実務法曹養成専
攻終了。

静岡県弁護士会刑事弁護センター副委員長、同弁護士業務妨害対策委員会副
委員長、同災害対策委員会副委員長。

国際私法学会、国際取引法学会会員。

執筆者（五十音順）

兒玉　浩生（こだま　ひろき）

2004年弁護士登録（広島弁護士会・57期）。兒玉法律事務所。

一橋大学法学部卒業。広島大学大学院社会科学研究科修了。2013年度広島弁
護士会副会長。広島弁護士会法律相談センター運営委員会副委員長。

日本賠償科学会、情報ネットワーク法学会会員。

近藤　剛史（こんどう　たけし）

2010年弁護士登録（広島弁護士会・新63期）。近藤・石口法律事務所。

広島大学法学部卒業。広島修道大学法科大学院法務研究科修了。日弁連自由権規約個人通報制度等実現委員会委員。広島弁護士会人権擁護委員会外国人の権利部会副部会長。

正畠　大生（しょうばたけ　ひろお）

2017年弁護士登録（静岡県弁護士会登録、2019年広島弁護士会入会・69期）。弁護士法人アドバンス広島事務所。

東京大学法学部卒業。早稲田大学法科大学院法務研究科修了。広島弁護士会司法修習委員会委員、法教育委員会委員。

研究会プロフィール

広島弁護士実務研究会
（ひろしまべんごしじつむけんきゅうかい）

　広島弁護士実務研究会とは、広島に縁のある弁護士有志による研究会です。近年めまぐるしく変化している弁護士実務について、最新の情報を積極的に取得し、ジャンルを問わず議論、研究しています。今後も執筆陣の変動はありつつも、定期的に有用な書籍の執筆を目指していきたいと考えています。

サービス・インフォメーション
━━━━━━━━━━━━━━━━━ 通話無料 ━

①商品に関するご照会・お申込みのご依頼
　　　　　TEL 0120（203）694／FAX 0120（302）640
②ご住所・ご名義等各種変更のご連絡
　　　　　TEL 0120（203）696／FAX 0120（202）974
③請求・お支払いに関するご照会・ご要望
　　　　　TEL 0120（203）695／FAX 0120（202）973

●フリーダイヤル（TEL）の受付時間は、土・日・祝日を除く
　9：00～17：30です。
●FAXは24時間受け付けておりますので、あわせてご利用ください。

━━━━━━━━━━━━━━━━━━━━━━━━━━━━━━

**～もし関係者の中に外国人がいたら～
そんなときどうする法律相談Q＆A**

2020年3月10日　初版発行

編　著　　広島弁護士実務研究会

発行者　　田　中　英　弥

発行所　　第一法規株式会社
　　　　　〒107-8560　東京都港区南青山2-11-17
　　　　　ホームページ　https://www.daiichihoki.co.jp/

装　丁　　篠　　　隆　二

─────────────────────────────

弁外国人QA　ISBN 978-4-474-06959-6　C2032　（1）